INVERTIR EN BOLSA

Guía de inicio rápido para la libertad financiera

Gane dinero y cree un enorme ingreso pasivo usando las mejores estrategias de acciones

WARREN MEYERS

WARREN MEYERS ACADEMY

Reconocimiento

Quiero agradecerles por comprar mi libro y por confiar en mí, sinceramente ... ¡Gracias!

Escribir un libro es más difícil de lo que pensaba y más gratificante de lo que jamás hubiera imaginado.

Mi agradecimiento es a todos ustedes, lectores, les agradezco porque sin ustedes no podría ser lo que soy, sin ustedes mis libros simplemente... ¡no existirían!

Me gustaría presentarles todos mis trabajos y, si les gustan, los invito a dejar una calificación positiva; ¡Esto me ayudará a continuar mi trabajo y ayudará a otras personas a comprar lo que buscan!

De nuevo ... ¡Gracias!

Warren Meyers

Descubres mis libros

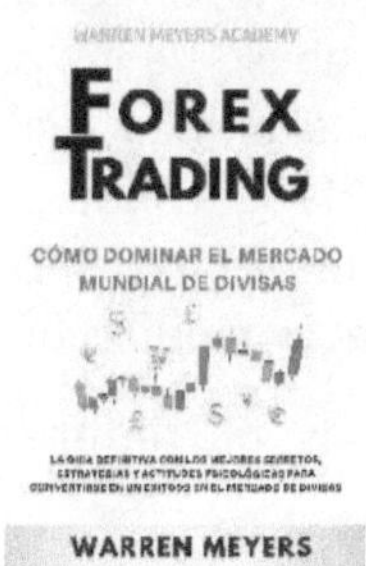

Tabla de contenidos

INTRODUCCIÓN

Aquellos que operan en el comercio y tienen éxito, no lo tienen por casualidad.

Invertir en acciones es una forma de hacer que sus ahorros valgan la pena comprando acciones en empresas y negocios profesionales y así crear un flujo de ingresos que abra la puerta a la libertad financiera.

Este libro te guiará a través de los conceptos básicos de la inversión en acciones y te mostrará cómo comenzar a ganar dinero negociando e invirtiendo en acciones.

El mundo de las acciones y las acciones es un lugar aparentemente complejo y confuso, pero con la orientación adecuada, encontrarás que no es tan complejo como crees. La inversión de capital no se trata solo de poseer el capital para invertir en el negocio de otra persona, ni es una operación rápida y rentable, se trata de aprender a aprovechar tus ahorros y colocarlos en lugares donde puedan generar ganancias para ti.

En este libro, te brindaré información detallada y completa sobre algunos de los mejores enfoques de inversión para garantizar el éxito en la inversión en acciones.

Juntos también veremos cómo se mueven los maestros del sector, desde Benjamín Graham hasta Warren Buffet, pasando por Phil Fisher, Peter Linch y otros. Trataré de que conozcas cuáles son las herramientas online que te pueden echar una mano, de forma gratuita y no.

Pero, dado que el objetivo principal es ayudarte a hacer crecer tu patrimonio, también trabajaremos juntos en estrategias complementarias, como dividendos o OPI, y alternativas, como construir una cartera permanente que le permita crecer. tu capital constantemente.

Sin olvidar que el trading es una actividad, juntos construiremos una especie de diario de trabajo, que además de permitirte hacer un seguimiento de tus operaciones, te permitirá comprender a lo largo del tiempo cuáles son las operaciones que constantemente te reportan ingresos, y, por lo tanto, de desarrollar, y cuáles le hacen perder dinero y, por lo tanto, absolutamente deben evitarse.

Sobre todo, será importante ver cómo invertir en acciones siempre con un riesgo mínimo.

Si te has estado preguntando cómo empezar a generar riqueza, ahora es el momento de dejar de hacerlo. Lee esto, reserva y comienza tu viaje hacia la seguridad y la libertad financiera.

CAPÍTULO UNO
¿QUÉ ES EL STOCK?

¿Qué es una acción?

Cuando una persona posee acciones en una empresa, se denomina accionista y puede reclamar una parte de los activos y ganancias residuales de la empresa (en caso de que la empresa se viera obligada a disolverse). Un accionista también puede llamarse accionista. El mercado de valores está formado por bolsas de valores donde los inversores pueden comprar y vender acciones individuales de una empresa.

Ya sea como emisores o compradores, de una forma u otra, las acciones implicarán directamente la mayoría de las transacciones financieras.

En el pasado, las acciones se representaban en una hoja de papel en forma de certificado. Cuando una persona quería comprar acciones, tenía que visitar físicamente la oficina de un corredor y realizar la transacción, donde recibiría los certificados de acciones reales. Hoy en día, los certificados de acciones físicos rara vez se ven. Los corredores almacenan documentos electrónicamente y un inversor solo necesita hacer clic en las plataformas de negociación en línea para comprar acciones.

Existen muchos beneficios potenciales de poseer acciones o participaciones en una empresa. Además de los beneficios de poseer acciones, también existen riesgos que los inversores deben considerar.

La acción no garantiza ni la rentabilidad del capital invertido, ni una rentabilidad mínima garantizada.

El valor de la acción y, por tanto, su rentabilidad, dependen del destino de la empresa. Cuanto sale bien a menudo, más aumentará su valor en el mercado de valores.

El accionista puede perder la totalidad de su inversión: en caso de quiebra de una empresa, los accionistas suelen perder todo lo que han invertido.

Por otro lado, si a la empresa le va bien, las ganancias potenciales de las acciones son infinitas. Hay algunas acciones que ven crecer su valor en un 100% incluso en unos pocos meses.

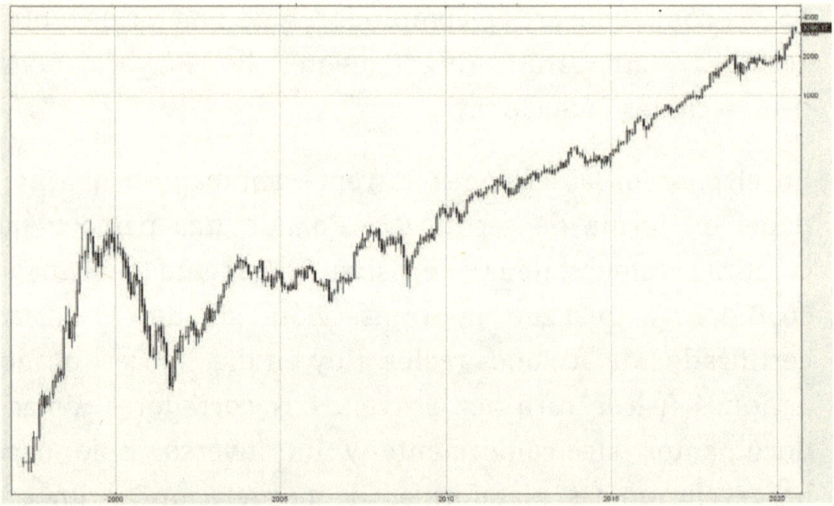

Imagen 1: Gráfico de Amazon - Escala logarítmica

Puedes conservar las acciones durante el tiempo que desees, no caducan. Por lo tanto, puedes esperar a revender cuando el precio de la acción haya subido y haya obtenido las ganancias deseadas.

No existe una receta "infalible" para ganar con acciones, este tipo de inversión en todo caso implica un alto grado de riesgo; por lo tanto, elige invertir en acciones solo si eres consciente de las pérdidas potenciales y si estás dispuesto a aceptarlas. Recuerda también que invertir en acciones puede llevar mucho tiempo para ser rentable.

Un elemento importante para invertir en acciones es la diversificación: no te centres en una sola acción, sino elige acciones de diferentes países y sectores, para reducir los riesgos generales de tu cartera.

También ten cuidado de no cometer el error opuesto, que es dividir demasiado tus inversiones. Es probable que las comisiones que te cobre el banco se vuelvan elevadas si el monto de la inversión es muy limitado.

Tipos de acciones

La mayoría de las empresas tienen solo un tipo de acciones (o clase de acción). Las acciones se denominan comúnmente acciones ordinarias y serán aquellas con las que se constituyó la empresa. Los derechos típicos que acompañan a las acciones ordinarias (y los derechos conferidos por el Estatuto Estándar para las sociedades de responsabilidad limitada) son:

Cada acción da derecho, en todo caso, a un voto. Cada acción tiene derecho a un dividendo igual. Cada acción tiene derecho a participar en la distribución resultante de la liquidación de la empresa. Algunas empresas también pueden optar por tener dos o más tipos diferentes de acciones.

Es relativamente fácil crear una nueva clase de acciones. De hecho, si los accionistas están de acuerdo, una empresa puede tener tantas clases de acciones como desee, cada una de las cuales representa un tipo de acción diferente. Los derechos que acompañan a las diferentes clases de acciones, que se describen al menos en parte en los detalles prescritos para la clase, pueden ser cualquier cosa que los accionistas estén dispuestos a aceptar.

Asimismo, los derechos de los accionistas para las diferentes categorías de acciones no tienen por qué ser necesariamente diferentes. De hecho, diferentes clases de acciones pueden tener derechos idénticos a los de otras clases. En algunas empresas, se emiten "acciones alfabéticas" ("acciones ordinarias A", "acciones ordinarias B", etc.) con derechos idénticos a diferentes accionistas.

La creación de varias clases de acciones de esta manera podría permitir el pago de dividendos a algunos accionistas, pero no a otros, pero la empresa debe tener cuidado de asegurarse de que dicha estrategia no infrinja las reglas y directrices de la HMRC.

Sin embargo, en general, si una empresa tiene más de un tipo de acciones, las principales diferencias entre ellas se encuentran en una o más de las siguientes áreas:

<u>Derecho a dividendos</u>

Las acciones pueden tener derecho a dividendos normales, dividendos preferenciales (es decir, el derecho a recibir un dividendo antes que otras clases de acciones o a un determinado nivel fijo), un dividendo solo en determinadas circunstancias o ningún dividendo.

Derecho al capital (en caso de liquidación)

En caso de disolución de la empresa, los activos restantes después del pago de las deudas de la empresa se pueden distribuir a los accionistas. Sin embargo, diferentes clases de acciones pueden tener diferentes derechos de distribución de capital, con algunas acciones en primer lugar y otras pagadas solo si permanecen suficientemente activas después de que otras hayan recibido la distribución completa del capital.

Derecho al voto

Por lo general, esto es tan simple como acciones con o sin derecho a voto. Sin embargo, los derechos de voto ponderados o escalonados también son posibles, por lo que, por ejemplo, las acciones pueden conllevar derechos de voto adicionales en determinadas circunstancias o en determinados asuntos importantes que afectan a la empresa.

Si bien existen algunas convenciones que es mejor seguir para evitar malentendidos, una empresa puede nombrar las acciones con el nombre que prefiera. Dicho esto, no se puede suponer simplemente que las denominadas acciones ordinarias de una empresa tienen exactamente los mismos derechos que las acciones ordinarias de otra empresa. De hecho, la única forma de saber cuáles son los derechos de una determinada clase de acciones es leer los estatutos de esa empresa.

Las razones por las que una empresa quisiera tener diferentes categorías de acciones generalmente se incluyen en una de las siguientes categorías:

1. Atraer inversión
2. Dividendos directos en una dirección específica
3. Eliminar (o fortalecer) los poderes de voto de determinadas personas
4. Motivar al personal (permanecer como empleados)

Siempre que lo haga de conformidad con sus estatutos, una empresa puede crear una nueva clase de acciones cuando lo desee, ya sea creando una nueva clase de acciones además de una clase de acciones existente o convirtiendo una clase de acciones existente en una o más nuevas clases de acciones.

Es el estatuto que establece la división de las acciones en sus distintas clases. El estatuto también establece los derechos específicos relacionados con cada clase. La mayoría de las clases de acciones se incluirán en una de las siguientes categorías de tipos de acciones:

Acciones ordinarias

Estos no conllevan derechos ni restricciones especiales. Con respecto a los dividendos y la rentabilidad del capital, se clasifican después de las acciones preferentes, pero confieren derechos de voto (normalmente un voto por acción) que normalmente no se atribuyen a los tenedores de acciones preferentes (a menos que su dividendo preferente no esté vencido).

Algunas empresas crean más de una clase de acciones ordinarias, por ejemplo, "Acciones comunes A", "Acciones comunes B", etc. Esto ofrece flexibilidad para el pago de diferentes dividendos a diferentes accionistas o, por ejemplo, para el derecho de tanteo a se aplican a algunas acciones, pero no a otras.

En algunos casos, diferentes clases de acciones ordinarias pueden tener diferentes valores nominales; por ejemplo, puede haber una acción ordinaria de £ 1 y una acción ordinaria de £ 0,01. Si cada acción tuviera derecho a un voto (y suponiendo que las acciones se emitieran a su valor nominal), entonces los accionistas ordinarios de £ 0,01 obtendrían 100 votos por cada £ 1 pagado, mientras que los accionistas ordinarios de £ 1 obtendrían 1 voto para pagar la misma cantidad.

<u>Acciones ordinarias diferidas</u>

Una empresa también puede decidir emitir acciones que no pagarán dividendos hasta que todas las demás clases de acciones hayan recibido el dividendo mínimo. Después de eso, suelen participar plenamente. En caso de liquidación, recibirán algo solo cuando se satisfagan todos los demás derechos.

<u>Acciones ordinarias sin derecho a voto</u>

Los derechos de voto sobre acciones ordinarias pueden estar restringidos de alguna manera; por ejemplo, las acciones ordinarias tienen derechos de voto solo si se cumplen ciertas condiciones. Alternativamente, pueden ser sin derecho a voto. También podrán impedir que el accionista asista a la junta general, mientras que en todos los demás aspectos tendrán los mismos derechos que las acciones ordinarias.

<u>Acciones reembolsables</u>

Los términos de las acciones reembolsables dan a la empresa la opción de recomprarlas en el futuro; ocasionalmente, el accionista puede (también) tener la opción de revenderlos a la empresa, aunque esto es mucho menos común.

La opción puede surgir en una fecha determinada o posterior, entre dos fechas, o ser efectiva en cualquier momento en que las acciones estén en circulación. El precio de rescate suele ser igual al precio de emisión, en algunos casos también puede decidirse de forma diferente.

Una empresa puede rescatar acciones solo de las ganancias o el producto de una nueva emisión de acciones, lo que puede limitar su capacidad para reembolsar las acciones incluso si los directores desean ejercer la opción. Una empresa también puede optar por tener acciones reembolsables, pero en este caso también debe tener acciones no reembolsables en emisión. En ningún momento la totalidad de su capital social podrá ser acciones reembolsables.

Acciones preferentes

Estas acciones se denominan preferencia o preferencia, ya que tienen derecho a recibir un dividendo fijo cada año. Esto se percibe ante los accionistas ordinarios. El monto del dividendo generalmente se expresa como un porcentaje del valor nominal. Por lo tanto, una acción preferente de $ 1.5% pagará un dividendo anual de 5 peniques. La totalidad del derecho se pagará anualmente, salvo que las reservas distribuibles sean insuficientes para pagar la totalidad o parte de ellas.

En caso de liquidación, los accionistas preferentes suelen tener derecho a cualquier pago atrasado de dividendos y su capital antes que los accionistas ordinarios. Las acciones preferidas generalmente no tienen derecho a voto (o solo tienen derecho a voto cuando su dividendo está atrasado).

Acciones preferentes acumuladas

Si el dividendo no se paga o no se paga en su totalidad, el déficit se cerrará cuando la empresa tenga suficientes reservas distribuibles. Como resultado, los accionistas ordinarios no recibirán dividendos hasta que se hayan pagado todos los atrasos sobre las acciones preferentes acumuladas.

Por defecto, las acciones preferentes son acumulativas, pero muchas empresas también emiten acciones preferentes no acumulativas.

Acciones preferentes canjeables

Las acciones preferentes redimibles combinan las características de las acciones preferentes redimibles con las acciones redimibles. Por tanto, el accionista se beneficia del derecho preferencial a los dividendos (que pueden ser acumulativos o no acumulativos), mientras que la sociedad conserva la posibilidad de amortizar las acciones en condiciones preestablecidas en el futuro.

La mayoría de las empresas comienzan con tener solo un tipo de acciones en forma de una clase de acciones ordinarias. Por lo general, estos implican derechos de voto, capital y dividendos iguales. La emisión de nuevas acciones después de la formación de la empresa generalmente será una asignación de estas acciones ordinarias, a menos que las circunstancias sugieran la necesidad de flexibilidad o derechos diversificados.

Así como una empresa puede emitir acciones en varias clases de acciones, nada impide que un accionista posea más de una clase de acciones de la misma empresa y, por tanto, se beneficie de los diferentes derechos (por ejemplo, el derecho a voto o el derecho a dividendos) de cada oferta.

¿Qué son los dividendos?

Como accionista, si a la empresa le va bien, podría obtener ganancias al cobrar dividendos.

El término dividendo indica una parte de las ganancias que genera una empresa y luego se distribuye a los accionistas al final de cada año contable. Los dividendos representan un rendimiento del capital invertido. Sin embargo, solo constituyen una parte de las ganancias, ya que la ley establece que una parte de las ganancias debe reservarse como reserva legal.

Para entender qué son los dividendos, es necesario considerar que su distribución se produce solo una vez que los estados financieros de una empresa han sido aprobados por la asamblea ordinaria de accionistas y la resolución de reparto de utilidades.

A diferencia del interés de los bonistas, el dividendo no representa un derecho para los accionistas. De hecho, durante el cierre de los estados financieros, la junta de accionistas puede decidir la reinversión total de las utilidades en el año siguiente: en este caso, los accionistas titulares de acciones ordinarias no tienen la posibilidad de reclamar ningún derecho sobre el dividendo. Los beneficios que se reinvierten para el crecimiento de la empresa se utilizarán para incrementar el valor de la propia empresa y, en consecuencia, la acción podría incrementar su precio. Normalmente el dividendo se reparte en un único pago anual, o se puede optar por dos soluciones semestrales.

En el mercado financiero y bursátil, el mundo de los dividendos incluye una serie de terminologías específicas para ser entendido:

- ex dividendo significa el período que transcurre entre la fecha de "separación" de los dividendos por parte del emisor y el momento en que se realiza el pago material;
- el dividendo en acciones representa en cambio el dividendo distribuido en forma de nuevas acciones;
- dividendo unitario: la relación entre los beneficios distribuidos y el número de acciones en las que se divide el capital social

Existen principalmente dos tipos:

- pago de dividendos en efectivo;
- pago de dividendos en acciones.

Con el pago de dividendos en efectivo, el propietario de los valores de una empresa recibe una cantidad igual a la parte de las ganancias obtenidas por la empresa que emite los valores, dependiendo del número de acciones o acciones que posea. A continuación, se abona la cuenta del accionista una vez al año, una vez cerrado el ejercicio financiero.

Algunas empresas proponen el pago de dividendos en acciones a sus accionistas. Estos últimos se convierten en propietarios de nuevas acciones, en lugar de recibir capital material que se deriva de las ganancias de la empresa. Para convencer a sus accionistas, las empresas consiguen descontar sus acciones hasta un máximo del 10% en relación al valor de las últimas 20 sesiones. Si el monto del dividendo no es igual a un número entero de acciones, el accionista obtiene un número de acciones redondeado o se le paga la diferencia en efectivo. Este método de pago resulta muy ventajoso para los inversores que piensan y han desarrollado una estrategia a largo plazo.

Por qué cotizar en la bolsa de valores

Para que una empresa emita acciones, debe cotizar en bolsa. Gracias a esta operación, la empresa podrá adquirirse en mercados regulados. Todo esto permitirá a los inversores comprar partes de propiedad (acciones) de la empresa de forma más fácil y rápida.

Ventajas para el inversor

Por ejemplo, si se desea comprar el 10% de la propiedad de una empresa, pero no figura en la lista, se debe llegar a un acuerdo privado con los propietarios para comprar las acciones respectivas. Si, por el contrario, la sociedad cotiza en Bolsa (sociedad anónima), basta con comprar el 10% de las acciones al precio de mercado. Esto será mucho más fácil y requerirá menos tiempo y costos de negociación. Además, las empresas que cotizan en bolsa deben cumplir con leyes más estrictas en términos de transparencia que las empresas que no cotizan en bolsa, lo que proporciona una mayor protección al inversor.

Beneficios para la sociedad

Las razones suelen ser muchas, entre las más recurrentes ciertamente encontramos la necesidad de dinero o capital. Cuando una empresa crece en tamaño, a menudo el dinero necesario para iniciar inversiones o proyectos (por ejemplo, infraestructura, maquinaria nueva, etc.) es siempre mayor, y una forma de encontrar dinero fácilmente es recurrir al mercado.

Además, la empresa puede obtener visibilidad con mayor facilidad, mejorando así su imagen ante otros inversores y el consumidor al que se dirige la empresa. Además, dado que para cotizar en bolsa es necesario respetar reglas de transparencia y controles más estrictos, normalmente los propios inversores consideran que una empresa cotizada es más fiable.

Cómo determinar el valor de las acciones

Si no le das un valor fundamental a tus acciones, ¡estás destinado a ir hacia la "deriva" financiera! Durante años, las principales instituciones financieras han considerado que la valoración debería reservarse solo para expertos de la industria.

Presumiblemente, se cree que solo los analistas de corretaje están equipados con la experiencia y las habilidades necesarias para poder interactuar con el mercado y predecir precios futuros. La evaluación, sin embargo, no es una ciencia arcana que solo pueda ser practicada por empresas especializadas. De hecho, cualquier persona con habilidades matemáticas básicas y algún conocimiento del sector financiero podrá determinar el valor de una acción como si no fuera mejor que muchos analistas.

Pero, antes de poder determinar el valor de una acción de acciones, ¡necesitarás conocer alguna noción de lo que realmente es una acción de acciones!

Una participación es la representación concreta de una propiedad parcial de una empresa que cotiza en bolsa. Si, por ejemplo, una empresa tiene 1 millón de acciones en el mercado y el Sr. X tiene una sola participación, ¡significa que tendrá una millonésima parte de esa empresa!

¡Siempre habrá alguien más que quiera esa millonésima parte de la propiedad porque querría una millonésima parte de los votos en las juntas de accionistas!

Si bien puede parecer que es dueño de una pequeña parte de la empresa, si combinas ese millonésimo con esos 500.000 de sus amigos, ¡¡de repente tendrán la participación mayoritaria en la empresa!! Pero el Sr. X podrá hacer muchas otras cosas con él, como pagar dividendos o usarlos para una fusión con otra empresa.

Las empresas compran participaciones en otras empresas por muchas razones. Ya sea que se trate de una toma de poder absoluta, donde una empresa compra todas las acciones o una empresa conjunta, donde la empresa compra tantas acciones de otra empresa como para ganar un puesto en la junta directiva, las acciones siempre estarán a la venta. El precio de una acción se traduce en el precio de la empresa, ¡a la venta durante siete horas y media al día, cinco días a la semana!

Es esta información la que permite a otras empresas, públicas o privadas, tomar decisiones comerciales inteligentes con información clara y concisa sobre cuánto pueden costar las acciones de otra empresa. Una acción representa una parte de los ingresos, beneficios, flujo de caja y capital de la empresa. Para el inversor individual, sin embargo, esto normalmente significa preocuparse solo por qué parte de todos esos números estará disponible en dividendos.

Una acción de propiedad le da derecho a una parte de todos los dividendos perpetuos. Incluso si las acciones de la compañía actualmente no tienen un rendimiento por dividendo, siempre existirá la posibilidad de que en algún momento en el futuro pueda haber algún tipo de dividendo.

Sin embargo, una empresa también puede simplemente recomprar sus acciones con su exceso de liquidez, en lugar de pagar dividendos a los accionistas. Las empresas con un flujo de caja positivo tienden a ser mucho más liberales en la recompra de acciones que en los dividendos, ¡simplemente porque los dividendos para los accionistas se gravan dos veces!

Para concluir, hemos visto cómo las valoraciones se basan en utilidades, ingresos, flujos de caja y patrimonio. Con este conocimiento, deberías poder valorar cualquier tipo de negocio.

Acciones de valor y acciones de crecimiento

Antes de hablar de la diferencia entre acciones de valor y acciones de crecimiento, es necesario explicar cuál es la relación precio / beneficio, también resumida con la relación p

/ e.

La relación precio / beneficio es el resultado de la división entre el precio de mercado de una acción y el beneficio por acción de la empresa que representa la acción.

La operación que tendremos que realizar es realmente muy sencilla.

Supón que el precio de una acción es $ 50, mientras que las ganancias por acción de la compañía son $ 5. La relación p / e de esta acción será 10. Esto significa que, hipotéticamente, la inversión en esta acción se pagará dentro de 10 años, si la empresa siempre tiene los mismos beneficios todos los años.

Siempre hipotéticamente invertir en acciones con una relación p / e más baja podría ser conveniente porque la inversión se amortizaría en menos tiempo; mientras que una relación p / e más alta podría generar un rendimiento económico en más tiempo. Este no es del todo el caso y veremos por qué.

El valor comparte.

Son las Acciones con una relación precio / beneficio no muy elevada. Son las empresas más estables, que generan una buena cantidad de beneficios anualmente y que, por tanto, resultan más atractivas para los inversores con menor apetito por el riesgo. De hecho, la inversión en estas empresas, si los beneficios no cayeran drásticamente, valdría la pena en poco tiempo. Su nombre deriva del hecho de que estas acciones tienen un valor intrínseco.

Acciones de crecimiento.

Estas, por otro lado, son acciones con una relación precio / beneficio bastante alta. El precio de mercado es mucho más alto que las ganancias por acción de la compañía, que pueden o no estar ahí. De hecho, algunas acciones de crecimiento no generan ganancias porque los ingresos son absorbidos por los costos de administración, pero tienen un precio muy alto porque los inversionistas creen en el proyecto y por lo tanto prevén la posibilidad de que la empresa genere ganancias en los años para ven. Está claro que las acciones de crecimiento son más adecuadas para inversores con más apetito por el riesgo y, por lo tanto, que buscan una gran rentabilidad económica. El nombre de crecimiento indica un potencial alto crecimiento de la población en cuestión.

La pregunta no puede responderse de manera definitiva, ya que todo depende de tu estilo de negociación y apetito de riesgo, así como de tu situación económica y muchos otros factores.

Como hemos anticipado, las acciones de valor tienden a ser empresas que ya producen ganancias. Su potencial de crecimiento es inferior al de las acciones de crecimiento, pero su fortaleza reside precisamente en el valor intrínseco que, por tanto, genera seguridad y tranquilidad para el inversor.

Las acciones de crecimiento son aquellas con un gran potencial de crecimiento precisamente porque necesitan reducir la relación p / e. Una empresa podría decidir hacer inversiones y crecer económicamente precisamente para justificar un precio demercado mucho más alto que los beneficios registrados.

Sin embargo, el riesgo para las acciones de crecimiento es

mayor porque, como hemos dicho, están sobrevaloradas, nuevamente con respecto a la relación p / e, y es posible que nunca llenen esta relación. El riesgo es, por tanto, que el precio se desinfle y pase a una dimensión más normal a la situación actual de la empresa en cuestión.

Una vez que la acción de crecimiento reduce su relación p / e y comienza a generar valor intrínseco a través de una buena cantidad de ganancias, se completa el cambio a la acción de valor.

Podemos reducir la relación p / e. Al ser una división, esta relación se puede reducir bajando el numerador (precio de mercado de la acción) o aumentando el denominador (ganancias por acción). No hace falta decir que la segunda opción es la que esperan los inversores.

Análisis fundamental para el comercio

Desde un punto de vista operativo, es posible invertir con análisis fundamental de tres formas:

- Examinar y comparar los estados financieros de varios períodos, el mercado de activos y el estado general de la empresa, mientras se monitorea la información y noticias que le conciernen, para obtener una estimación de la rentabilidad futura, integrándola con los datos bursátiles a través de un software específico (también integrado en las plataformas de comercio online): significa hacerlo todo por ti mismo y estudiar constantemente los presupuestos y la información, con una gran pérdida de tiempo y energía pero teniendo así información y datos de primera mano;

- Totalmente consensuados (es decir, el conjunto de juicios de analistas profesionales sobre la empresa, habitualmente recogidos y difundidos por empresas especializadas en información financiera): contrariamente al primer punto, significa confiar en los análisis realizados por otros (expertos) que, si por un lado se encuentran en ocasiones en conflicto de interés declarado con las mismas empresas juzgadas, por otro lado, son utilizadas por prácticamente todo el mercado;
- Utilizando el consenso como punto de partida para verificaciones y elaboraciones propias.

El uso del análisis fundamental para el comercio en línea es especialmente útil para inversiones a mediano y largo plazo. En el caso de que el operador prefiera inversiones a muy corto plazo, debe tenerse en cuenta que este método es menos confiable en caso de un cambio repentino de escenario y que, por lo tanto, es aconsejable utilizarlo junto con el análisis técnico.

Algunos corredores en línea ofrecen servicios de análisis fundamental integrados en sus respectivas plataformas, por ejemplo, proporcionando consenso de analistas. Cada analista expresa periódicamente un juicio sintético (llamado recomendación o rating, como comprar, vender, incrementar, mantener u otro, indicando también un precio objetivo o precio objetivo. Al monitorear la evolución de los ratings y precios objetivo es posible tener una idea de cómo evoluciona el consenso y, por tanto, cómo ven los expertos el futuro de la sociedad.

Los datos que brindan los indicadores de análisis fundamental se pueden insertar luego en gráficos bursátiles para comparar su evolución con el desempeño de la acción, con especial interés para los momentos que coinciden con eventos corporativos extraordinarios.

El mundo de las finanzas y los mercados se divide en dos. Por un lado, hay partidarios firmes que piensan que la mejor y más confiable forma de comerciar es elegir el análisis fundamental, muchos otros creen que para tener éxito en el comercio se debe confiar en el análisis técnico.

Como hemos visto en el transcurso de esta guía, el análisis fundamental ya es en sí mismo un pequeño universo donde es posible aprender y tener una gran cantidad de datos útiles para invertir. Del mismo modo, el análisis técnico representa la otra cara de la misma moneda.

Es imposible decir qué enfoque es mejor que el otro, pero quizás en última instancia también sea una disputa bastante estúpida y un fin en sí mismo. Lo importante es que todo el mundo utilice las tácticas y estrategias de análisis que prefiera y que crea que le llevarán al resultado con la mayor frecuencia posible.

Lo que es seguro es que, al implementar los principios del análisis fundamental aquí presentados, durante décadas ha habido traders capaces de obtener ganancias significativas y traer a casa los resultados deseados, gracias a una estrategia y modelo de análisis efectivos.

Análisis técnico

Imagen 2: Gráfico Dow Jones - MACD - Volumen - RSI

Durante décadas, los profesionales del comercio en línea han utilizado el análisis técnico para robar los secretos de las tendencias del mercado. Los mejores logran alcanzar alturas de ganancias increíblemente altas y cuentan con excelentes habilidades de negociación.

Gracias al poder del análisis técnico, un personaje como Warren Buffett (una verdadera leyenda de los mercados) se ha ganado el apodo del oráculo de Omaha. Se le dio este apodo precisamente porque con la ayuda del análisis técnico, Buffett pudo hacer pronósticos de mercado que nadie más podría haber imaginado.

Este poderoso medio de inversión ahora está disponible para todos los comerciantes gracias a las mejores plataformas de negociación en línea.

La base teórica del análisis técnico.

El análisis técnico puede concebirse como una ciencia real y, como tal, es fiable. Sus fundamentos teóricos, sin entrar en detalles técnicos, habían sido dictados por Charles Dow. Por eso todavía hoy hablamos de la Teoría de Dow, un hombre que a su manera y en su tiempo sentó las bases del análisis técnico.

Aquí están los 6 fundamentos básicos del análisis técnico establecidos por Charles Dow:

1 - Las 3 fases de los mercados

Las 3 fases principales del mercado según Dow son tendencias primarias, secundarias y menores. La tendencia principal es una tendencia mayor que dura más de un año. La tendencia secundaria es una tendencia de duración intermedia que puede oscilar entre un período de tres semanas y un período de tres meses. La tendencia secundaria a menudo se mueve en la dirección opuesta a la tendencia primaria. Finalmente, la tendencia menor de un mercado tiene una duración de menos de 3 semanas y puede estar asociada a los movimientos de la tendencia secundaria.

2 - Las fases de las tendencias

El segundo principio de la teoría de Dow explica que las tendencias del mercado tienen y siguen 3 fases diferentes. Los 3 tipos de fases de tendencia se denominan acumulación, especulación y distribución. La última fase, la distribución, se denomina fase de exceso en un mercado alcista y fase de pánico en un mercado bajista. Las fases de tendencia pueden ser generadas por los motores del mercado).

3 - El mercado descuenta todas las novedades

El tercer principio establece la fuerza de la noticia hacia el mercado. Dow fue el primero en teorizar que el mercado está fuertemente afectado por todas las noticias que le conciernen y se mueve a raíz del impacto que ha tenido la noticia. Esto significa que cualquier mercado (commodities, Forex, acciones, etc.) descuenta todas las noticias que le conciernen tan pronto como se publican (para conocer las novedades, es bueno consultar el calendario económico).

4 - Se confirman los índices de mercado

Dow argumentó que los índices bursátiles, o canastas de acciones, deben tener una correlación, ya que tienen la misma exposición en las condiciones económicas actuales. Por ejemplo, el Dow Jones debe tener una correlación con el índice de transporte Dow Jones. Si existe algún tipo de divergencia, Dow sostiene que habrá un cambio de tendencia en uno de los índices, por lo que es difícil predecir dónde comenzará esta nueva tendencia primaria o si se desarrollará. Si, por el contrario, existe una correlación, se genera una confirmación de la tendencia.

5 - Las tendencias se confirman con volúmenes

Cuando hablamos de volúmenes nos referimos a la cantidad de dinero invertida en un momento dado en un mercado. El aumento o disminución de volúmenes es un indicador muy importante en los mercados. Si volúmenes importantes acompañan a la formación de una tendencia alcista o bajista, esta es una señal fuerte y positiva sobre la continuación de esa tendencia. Sin embargo, si estamos en presencia de volúmenes bajos, la tendencia aún podría ser válida, pero no es representativa de una visión general.

6 - La tendencia continúa hasta la reversión

Los cambios de tendencia son el peor enemigo de cualquier operador en una operación. Tienes que reconocerlos de inmediato para salir de tu posición rápidamente y llevarte a casa las ganancias. Sin embargo, el sexto y último principio de Dow establece que una tendencia permanece confirmada hasta que exista evidencia irrefutable de lo contrario. Es decir, se deben hacer todos los análisis necesarios antes de establecer si la tendencia ha terminado o no.

Las dos corrientes principales del análisis técnico

Entre quienes utilizan el análisis técnico como principal fuente de datos para operar en los mercados, se pueden distinguir dos corrientes principales: analistas teóricos y analistas prácticos. Hagamos una distinción entre los dos enfoques.

<u>Analistas técnicos teóricos</u>

Representan ese tipo de comerciantes perfeccionistas. Dedican su tiempo a analizar hasta el movimiento de mercado más pequeño e insignificante con la creencia de que pueden predecir y comprender lo que esté sucediendo con el precio. El analista teórico casi nunca está satisfecho con los resultados de sus análisis y continúa extendiéndolos en el tiempo hasta el punto de arriesgarse a perder importantes oportunidades comerciales.

En términos generales, se puede decir que mientras menos experiencia tenga en el comercio, más tiende a ser "analistas teóricos". Para nosotros, este tipo de enfoque del trading es contraproducente porque viene dictado por el miedo a cometer errores. El perfeccionismo en el comercio no paga. Es mejor pasar horas en la cuenta demo cometiendo errores en las lecturas del mercado y en la configuración de la plataforma, en lugar de vivir eternamente esperando las presuntas condiciones adecuadas para operar.

Los analistas técnicos prácticos.

Este es el tipo de trader que, una vez recopilados los datos objetivos de los indicadores, no duda ni un momento y abre su posición en el mercado. Esta es una actitud que adoptan especialmente aquellos con buena experiencia en los mercados. En cualquier caso, es la actitud correcta, la ganadora, sobre todo a largo plazo.

Los principios operativos del analista práctico son solo 2:

- Ingresar al mercado tan pronto como se reconozca una tendencia
- Evitar operar cuando el mercado está al margen

Al final, las reglas para el éxito en la fase de inversión, como puede ver, no son difíciles de seguir. Y también cabe destacar que cuanto más sencillos, claros y directos son, más fáciles son de seguir.

Los 3 tipos de gráficos para análisis técnico

En cualquier forma de comercio en línea, solo hay 3 tipos de gráficos principales y estos son:

- Candelabros

- Gráfica de barras
- Gráficos de líneas

Estos tres tipos de gráficos se pueden intercambiar a voluntad en las mejores plataformas de negociación. A veces cambiar el tipo de gráfico sirve para recibir información que no se puede obtener del otro tipo y viceversa, pero son sobre todo los profesionales los que saben cómo y cuándo cambiar de gráfico.

Además de los ejes X e Y que representan los elementos básicos de cada gráfico siendo las variables de espacio y tiempo, existen otros dos elementos fundamentales que caracterizan a un gráfico:

<u>el marco de tiempo (marco de tiempo):</u>

el "marco de tiempo" es el tiempo específico en el que queremos que el gráfico registre los cambios de precio. En palabras más simples, un marco de tiempo diario mostrará los precios del instrumento financiero bajo examen a diario, un marco de tiempo por horas mostrará en su lugar una base por horas y así sucesivamente. También hay plazos mensuales y anuales.

<u>El volumen:</u>

el volumen es el número total de operaciones durante un período de tiempo determinado. Por lo general, este es un día de negociación, pero dependiendo del marco de tiempo que establezca para analizar un gráfico, puede observar el volumen de negociación en 1, 5, 15, 30, 60 minutos, etc. Cuanto mayor sea el número de operaciones, mayor será el volumen. Al observar la tendencia del volumen podemos identificar la aparición de una tendencia tal como ya lo hacemos con el precio.

Múltiplos de mercado

El objetivo de la valoración relativa (a diferencia de la valoración basada en los flujos de efectivo) es determinar el valor de un activo observando el valor que el mercado atribuye a activos similares o comparables en términos de características (sector, fuente de ingresos, estructura de flujos de efectivo).

Intuitivamente, es el mismo método que aplicamos cuando buscamos una casa y nos hacemos una idea del precio comparando los precios de casas similares en la misma zona.

Este método se basa en el supuesto de que los precios del mercado de valores representan la mejor aproximación del valor de la empresa.

Obviamente, este supuesto implica que el valor estimado de la empresa objetivo sobre la base de sus múltiplos se sobrestimará / subestimará cuando el mercado sobreestime / subestime la muestra de empresas utilizada para la comparación.

En otras palabras, el hecho de que una empresa esté infravalorada en términos relativos no garantiza que esté infravalorada en términos absolutos, si en ese preciso momento el mercado sobreestima a toda la muestra de empresas comparables.

A los efectos de la valoración relativa, es posible identificar una serie de múltiplos, algunos se refieren al valor bursátil, otros al valor empresarial (es decir, capitalización bursátil + valor de la deuda).

Veamos ahora una breve descripción de los principales múltiplos que podemos utilizar para evaluar una empresa con respecto a sus "pares".

P / E (precio / ganancias):

Indica cuántas veces la capitalización bursátil (y por tanto el valor) de la empresa supera los beneficios generados. Por ejemplo, si las acciones de Moleskine cotizan en un momento dado de 2,15 € y las ganancias por acción de los últimos 12 meses (por lo tanto, Trailing) son 0,13 €, entonces el P / U será: 2,15 / 0,13 = 16,5. Como se mencionó, para emitir una opinión sobre el valor de este múltiplo será necesario compararlo con empresas de similares características. Los valores de P / E varían entre sectores y empresas debido a diferencias en los fundamentos. Intuitivamente, para el mismo P / U, es preferible una empresa con mayores perspectivas de crecimiento de ganancias y menor riesgo de sus flujos de efectivo.

Precisamente para tener en cuenta, en la evaluación, el potencial de crecimiento de la empresa, se suele utilizar otro múltiplo definido como PEG (Relación Precio / Beneficio / Crecimiento) junto con la P / E. Esta relación no es más que la P / E ajustado por la tasa de crecimiento esperada en los años siguientes (generalmente 3 o 5). Suponga que necesitamos evaluar 4 empresas que tienen el siguiente P / U y las tasas de crecimiento relativo esperadas para los próximos 5 años. Si nos limitamos a la comparación sobre la base del P / U, llegaríamos a la conclusión de que la empresa más infravalorada de la muestra es Delta, que, sin embargo, ha esperado tasas de crecimiento de las ganancias significativamente más bajas que sus "pares".

Asimismo, el P / U de Beta, que es uno de los más altos de la muestra, parece estar justificado por la alta tasa de crecimiento esperada. Si comparamos las mismas empresas basándonos en el PEG entonces, la más interesante parece ser Beta, mientras que Delta parece estar sobrevalorado (exactamente lo contrario de lo que hubiéramos concluido limitándonos al análisis basado en P / E). En cualquier caso, hay que tener en cuenta que ambos múltiplos tienen unos límites a tener en cuenta a la hora de decidirse a utilizarlos. La primera sin duda es que no se pueden aplicar para evaluar empresas con pérdidas (un P / E negativo pierde su significado y en cualquier caso "ensuciaría" la media de la muestra de referencia).

El más interesante parece ser el Beta, mientras que el Delta parece estar sobrevalorado (exactamente lo contrario de lo que hubiéramos concluido limitándonos al análisis basado en P / E). En cualquier caso, hay que tener en cuenta que ambos múltiplos tienen unos límites a tener en cuenta a la hora de decidirse a utilizarlos. La primera sin duda es que no se pueden aplicar para evaluar empresas con pérdidas (un P / E negativo pierde su significado y en cualquier caso "ensuciaría" la media de la muestra de referencia). En segundo lugar, la calidad de los beneficios puede diferir de una empresa a otra según las políticas presupuestarias (por ejemplo, políticas de depreciación), lo que dificulta la comparación de los índices. el más interesante parece ser Beta, mientras que Delta parece estar sobrevalorado (exactamente lo contrario de lo que habríamos concluido limitándonos al análisis basado en P / E). En cualquier caso, hay que tener en cuenta que ambos múltiplos tienen unos límites a tener en cuenta a la hora de decidir su uso.

La primera sin duda es que no se pueden aplicar para evaluar empresas con pérdidas (un P / E negativo pierde su significado y en cualquier caso "ensuciaría" la media de la muestra de referencia). En segundo lugar, la calidad de los beneficios puede diferir de una empresa a otra según las políticas presupuestarias (por ejemplo, políticas de depreciación), lo que dificulta la comparación de los índices. mientras que Delta parece estar sobreestimado (exactamente lo contrario de lo que hubiéramos concluido limitándonos al análisis basado en P / E). En cualquier caso, hay que tener en cuenta que ambos múltiplos tienen unos límites a tener en cuenta a la hora de decidirse a utilizarlos.

En segundo lugar, la calidad de los beneficios puede diferir de una empresa a otra según las políticas presupuestarias (por ejemplo, políticas de depreciación), lo que dificulta la comparación de los índices.

P / S (Precio / Ventas):

Junto al múltiplo P / E, el múltiplo Precio / Ventas también se usa a menudo, lo que tiene la ventaja de obviar los 2 límites que mencionamos anteriormente para el P / E. En primer lugar, este múltiplo siempre tiene un significado, incluso para las empresas que están perdidos; en segundo lugar, es más difícil de manipular. Generalmente tiende a ser más estable con el tiempo; pero tiene limitaciones importantes a la hora de analizar empresas que tienden a sacrificar márgenes para alcanzar determinados niveles de facturación. Sin embargo, el uso combinado junto con el P / E nos permite captar aspectos que de otro modo serían difíciles de identificar si nos limitáramos al uso de solo uno de los 2 índices. En concreto, si intentamos combinar el ratio P / S con la rentabilidad de la empresa en una matriz, podemos obtener una serie de combinaciones que nos ayuden en la evaluación.

Sin embargo, este enfoque también debe usarse con precaución, ya que tiene al menos un par de limitaciones potenciales.

Primero, si utilizamos los márgenes actuales de la empresa, debemos asegurarnos de que estén realmente correlacionados con los futuros.

En segundo lugar, este enfoque no tiene en cuenta otras diferencias entre empresas relacionadas con el perfil de riesgo. Una empresa que parece infravalorada en función de la combinación de margen (alto) y relación P / S (bajo) puede, no obstante, presentar un alto nivel de riesgo que debe tenerse en cuenta en el juicio final.

<u>EV / EBITDA:</u>

Consiste en la relación entre el valor total de mercado de la empresa (neto de efectivo y equivalentes de efectivo) y el margen operativo antes de impuestos, intereses, depreciación y provisiones. Responde a la necesidad de comparar empresas similares por modelo de negocio y / o segmento de actividad, neutralizando las distintas políticas presupuestarias y fiscales o su diferente estructura financiera. Tiene la ventaja de poder utilizarse incluso en presencia de beneficios negativos si el EBITDA sigue siendo positivo. También se utiliza con frecuencia para la valoración relativa de empresas de sectores industriales con alta intensidad de inversión en las que la política de depreciación puede tener efectos importantes sobre el EBIT pero no afecta al EBITDA.

Valor contable de precios

Representa la relación entre el precio y el valor neto por acción. Este múltiplo mide el precio de una acción en relación con la participación del accionista. Expresa la solidez financiera de una acción. El valor de la relación está ligado a la rentabilidad prospectiva de la empresa y debe considerarse junto con esta. Proporciona una comparación entre el valor contable y el valor de mercado de los activos de la empresa, incorporando así información sobre las expectativas de los inversores y la capacidad de generar beneficios.

Si una acción tiene una relación precio / capital social de 1, significa que su precio es igual al valor del capital social (obviamente dividido por el número de acciones). Cuando la relación es menor que 1, significa que el precio de la acción es menor que el valor de los activos de la empresa. En general, las empresas cotizadas tienen múltiplos superiores a 1. esto se debe a que su cotización bursátil también incorpora expectativas sobre los beneficios futuros.

ROE

El retorno sobre el capital (ROE) es uno de los principales y más importantes indicadores de los estados financieros y señala la rentabilidad de una empresa.

El ROE se incluye entre los distintos índices de balance para evaluar la bondad de una empresa, junto con otros como ROI (Return on Investment), ROA (Return on Asset) o ROS (Return on Sales).

Entre todos ellos, el ROE es el mejor representante de la rentabilidad de una empresa, que, sin embargo, solo puede evaluarse mejor mediante el uso combinado de varios indicadores.

Cuando se busca una empresa en la que invertir, es bueno evaluar qué empresas pueden generar beneficios y cuáles tienden a destruirlos. ROE es la herramienta ideal para evaluar la mejor inversión en términos de rentabilidad y además permite comparar diferentes empresas pertenecientes a un mismo sector.

El retorno sobre el capital (ROE) indica la rentabilidad del capital de una empresa, ofreciendo una visión sintética de los resultados económicos alcanzados. El ROE indica como porcentaje cuánta utilidad se ha generado en función del dinero invertido en el capital, según la siguiente fórmula:

ROE = (Utilidad operativa neta / Patrimonio) x 100

El resultado, por tanto, atestigua la eficiencia con la que la empresa genera beneficios y los representa a través de una cifra porcentual, útil para realizar comparaciones directas con otros rivales del mismo sector.

Frente al resto de indicadores, el ROE es el que toma en

consideración directamente lo que más le interesa conocer al inversor en la perspectiva de una posible inversión: la rentabilidad.

El valor porcentual obtenido con el cálculo del ROE no es útil si se considera de forma independiente, pero debe compararse y analizarse de forma relativa. La comparación más inmediata es entre dos empresas del mismo sector, donde quieres saber cuál es la que mejor genera beneficios.

Sin embargo, para juzgar a una sola empresa, es necesario evaluar la prima de riesgo.

La prima de riesgo es la diferencia entre el ROE y la rentabilidad que ofrecen las llamadas inversiones libres de riesgo, como los bonos del Estado. Invertir en una empresa en lugar de liberarse en un refugio seguro debe proporcionar una prima, un rendimiento adicional. Cuanto mayor sea la prima de riesgo, mejor será la inversión en esa empresa, y todo se deriva de una consideración del ROE.

Además, el rendimiento sobre el capital se basa en el vínculo intrínseco que existe entre las ganancias de una empresa y el rendimiento que su inversor obtiene de ella.

Una empresa que genera beneficios es de hecho aquella que logra operar con una ventaja competitiva sobre sus rivales. Los mejores resultados y, por tanto, las ganancias obtenidas con respecto a los medios utilizados, o el ROE, son una evaluación fundamental para elegir la mejor inversión.

Al evaluar una empresa a través del ROE, además de incluir otros indicadores financieros útiles para tener un panorama más completo en el proceso, es bueno tener claros los dos límites principales del ROE.

El primero se relaciona con las amortizaciones.

Si una empresa realiza una devaluación, el cambio (negativo) en las ganancias ocurrirá solo en el período siguiente, mientras que el denominador de la fórmula de cálculo disminuirá, lo que llevará a un cálculo de ROE más alto, pero sin incluir la devaluación que tuvo lugar. Lo mismo ocurre con las transacciones de recompra.

El segundo, en cambio, analiza la deuda.

Un ROE alto no indica si la empresa está obteniendo beneficios gracias a un alto grado de endeudamiento o solo a través del apoyo de sus propios medios y de sus accionistas. Un aumento de la deuda provoca un aumento del ROE, pero la condición en la que esto ocurre puede estar lejos de ser ideal.

Media móvil

La media móvil es un indicador muy utilizado en el análisis técnico que muestra el valor medio de un precio durante un determinado período de tiempo. Existen varias medias móviles que se pueden utilizar, generalmente son capaces de detectar gráficamente áreas de posibles apoyos o resistencias.

La media móvil de los valores es útil desde el punto de vista gráfico para resaltar la dirección de una tendencia, atenuando las fluctuaciones de precios que pueden confundir al trader en la interpretación del gráfico. Un uso típico para la interpretación de gráficos es el siguiente:

Se grafican dos promedios móviles, uno a corto plazo (15 días) y otro a largo plazo (50 días) después de lo cual se interpretan los cruces. Si el promedio de corto plazo cruza al alza el promedio de largo plazo, esto será una señal de una tendencia positiva futura, si en cambio lo cruza a la baja, se esperará una tendencia negativa en el corto plazo.

Media móvil simple

La SMA se calcula matemáticamente como un promedio móvil, sumas los precios de cierre de un cruce durante X períodos de tiempo y luego divides esta suma por X.

Por lo tanto, una media móvil de 9 días es el resultado de la suma de los precios de cierre en 9 días dividida por 9.

Las medias móviles de corto plazo responderán rápidamente al cambio de precio, mientras que las de largo plazo tendrán una reacción mucho más lenta, de ahí los posibles cruces que indican cambios de tendencia.

Media móvil exponencial

Este tipo de media móvil es muy similar a la anterior, la única diferencia es que el peso de los precios de cierre es diferente: un precio de cierre afectará más cuanto más nos acerquemos a la fecha actual, menos si más en el tiempo.

Esta característica le da a la media móvil exponencial una mayor reactividad que la simple. Los promedios exponenciales de 12 y 26 días son sin duda los más populares y se utilizan para crear otros indicadores importantes como el MACD y el

PPO.

Los promedios de 50 y 200 días se utilizan como indicadores de tendencia a largo plazo.

Indicador MACD

El indicador MACD es una de las herramientas de análisis técnico más populares y muestra la convergencia o divergencia de la divergencia de convergencia de media móvil (MACD).

El indicador MACD se puede utilizar para identificar aspectos de la tendencia general de un activo. En particular, a través del MACD es posible evaluar el impulso, junto con la dirección de la tendencia y su duración.

Lo que hace que el indicador MACD sea tan útil y lleno de información, en realidad, es la combinación de dos tipos diferentes de indicadores. Primero, el MACD usa dos promedios móviles de longitud variable para identificar la dirección de la tendencia y su duración.

Luego, el MACD toma la diferencia de los valores entre las dos medias móviles (la línea MACD) y una media móvil exponencial de las mismas medias móviles (la línea de señal) e identifica la diferencia entre las dos líneas como un histograma que oscila por encima y por debajo de un epicentro con valor 0. Los traders ven el histograma como una buena indicación de la cantidad de impulso de una acción.

Línea MACD: promedio móvil exponencial de 12 períodos menos el promedio móvil exponencial de 26 períodos.

Para comprender completamente el indicador MACD, primero es necesario definir el significado de cada uno de los componentes del indicador.

La línea MACD

La línea MACD es el resultado de restar una EMA a más largo plazo con una EMA más corta. Los valores más comúnmente utilizados son el promedio móvil exponencial de 26 períodos (a más largo plazo) y el promedio móvil exponencial de 12 períodos (más a corto plazo), pero depende del operador elegir.

La línea de señal

La línea de señal es una media móvil exponencial (EMA) de la línea MACD descrita anteriormente.

El comerciante puede elegir el marco de tiempo en el que calcular la EMA que se utilizará para la línea de señal, teniendo en cuenta que la configuración más común es la de 9 períodos.

El histograma MACD

A medida que pasa el tiempo, la diferencia entre la línea MACD y la línea de señal se vuelve continuamente diferente. El histograma MACD toma esta diferencia y la informa en un histograma fácil de leer. La diferencia entre las dos líneas del indicador oscila alrededor de otra línea con valor 0.

La popularidad del indicador MACD se debe en gran parte a su utilidad para ayudar rápidamente a identificar la intensidad del impulso a corto plazo. Sin embargo, antes de analizar cómo funciona el indicador MACD, es importante comprender bien cuál es la relación entre las medias móviles a corto y largo plazo.

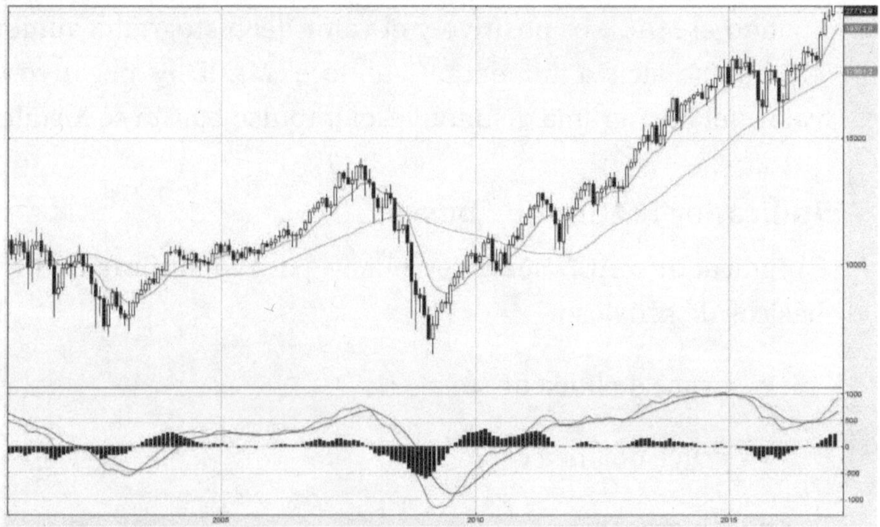

Imagen 3: Dow Jones - MACD

Como podemos ver en el gráfico a continuación, muchos operadores están esperando ver que la media móvil exponencial a corto plazo (línea azul) supere la media móvil a largo plazo (línea naranja), leyéndola con una señal de impulso ascendente.

La EMA de 12 períodos que encabeza la EMA de 26 períodos sugiere que el precio se está recuperando más rápido que en el pasado, por lo que nos enfrentamos a una señal de compra.

Por el contrario, una media móvil a mediano plazo que se mueve por debajo de una media móvil exponencial a más largo plazo muestra que el precio del activo está cayendo más rápido que en el pasado, lo que sugiere que puede ser un buen momento para vender.

El significado del indicador MACD

Una interpretación general del MACD puede ser la siguiente: cuando el MACD es positivo y el valor del histograma aumenta, el impulso alcista aumenta. Cuando el MACD es negativo y el valor del histograma disminuye, el impulso bajista se fortalece.

Indicador MACD: que buscar

El indicador MACD suele ser bueno para identificar tres tipos básicos de señales;

- cruce de línea de señal
- cruce de línea cero
- divergencia.

Cruce de línea de señal

Las señales de compra y venta ocurrirán principalmente en el caso de un cruce entre los promedios. Una señal alcista ocurre cuando la línea MACD cruza la línea de señal hacia arriba. Por el contrario, habrá una indicación bajista cuando la línea MACD cruce la línea de señal hacia abajo. Cuanto más confiable sea la señal, más rápida será la intersección.

Cruce de línea cero

La señal de cruce de línea cero tiene una premisa muy similar a la señal anterior. Es menos común que cruzar con la línea de señal y ocurrirá cuando la línea MACD cruce la línea cero hacia arriba (señal larga) o hacia abajo (señal corta).

Divergencia

La divergencia es otra señal creada por el indicador MACD. En pocas palabras, la divergencia ocurre cuando el MACD y los movimientos de precios no coinciden.

Una divergencia alcista ocurre cuando el precio hace una serie de mínimos decrecientes, mientras que el MACD marca una progresión de mínimos más altos.

La divergencia bajista es lo opuesto a la descrita anteriormente y ocurre cuando el precio registra una serie de máximos ascendentes, mientras que el MACD marca una sucesión de máximos decrecientes.

Indicador MACD en breve

Lo que hace del MACD una herramienta tan valiosa para el análisis técnico es que es casi como dos indicadores en uno. Puede ayudar a identificar tendencias y medir la calidad del impulso. Este tipo de versatilidad es la razón por la cual el indicador MACD es tan utilizado por comerciantes y analistas en todos los mercados financieros.

A pesar de los atributos obvios del MACD, al igual que cualquier indicador, el operador o analista debe actuar con cautela. Hay solo algunas cosas que MACD no hace bien y que pueden engañar a su usuario independientemente.

En particular, los operadores pueden tener la tentación de utilizar el indicador MACD como una forma de encontrar condiciones de sobrecompra o sobreventa, pero esto no es una buena idea: esto se debe a que, sin una fórmula normalizada, el MACD puede tomar cualquier valor, lo que hace imposible identificar con precisión los "umbrales excesivos". Cualquiera que quiera analizar datos en un gráfico debería poder hacer un buen uso del MACD.

Indicador RSI

¿Qué es el indicador RSI?

El RSI mide la proporción de movimientos ascendentes y descendentes y normaliza el cálculo para que el índice se exprese en un rango entre 0 y 100. Fue desarrollado originalmente por J. Welles Wilder. Cuando tenemos un RSI igual a 70 o superior, se asume que el instrumento está sobrecomprado (situación en la que los precios han aumentado más de lo esperado por el mercado). Cuando es igual a 30 o menor, se considera una señal de que el instrumento puede estar sobrevendido (una situación en la que los precios han caído más de lo esperado por el mercado).

En contraste con la opinión popular, la RSE es un indicador adelantado. La fórmula de este indicador considera dos ecuaciones que están involucradas en el cálculo de la fórmula. La ecuación del primer componente obtiene el valor inicial de Fuerza Relativa (RS), que es la relación entre el promedio de los cierres "Up" y el promedio de los cierres "Down" sobre los períodos "N" representados en la siguiente fórmula:

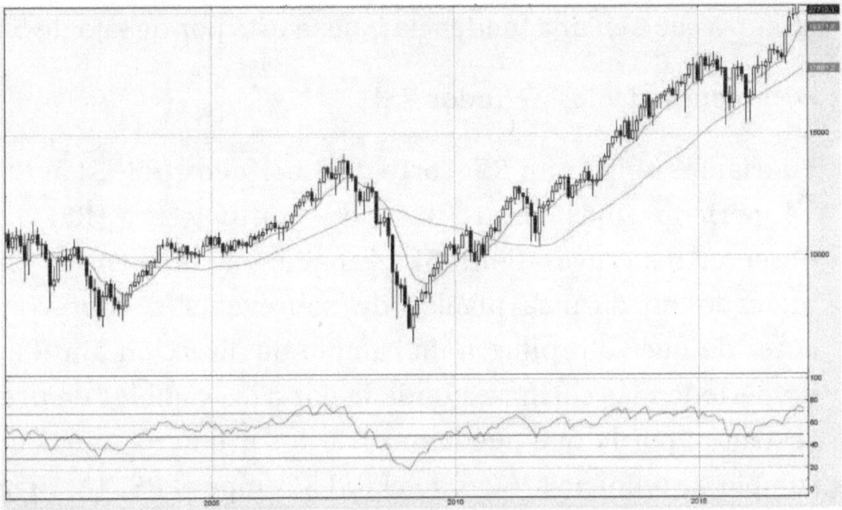

Imagen 4: Dow Jones - RSI

RS = Promedio de 'N' días cierra alto / Promedio de 'N' días cierra bajo

El valor real del indicador se calcula indexándolo a 100 utilizando la siguiente fórmula:

RSI = 100 - (100/1 + RS)

Estrategias comerciales con el indicador RSI

Si el RSI está por debajo de 30, significa que el mercado está sobrevendido y el precio puede eventualmente subir. Una vez que se confirma la reversión, se puede realizar una operación de compra. Por el contrario, si el RSI está por encima de 70, significa que está sobrecomprado y que el precio puede caer pronto. Una vez confirmada la reversión, se puede realizar una operación de venta. El nivel 50 es la línea media que separa el territorio superior (alcista) y el inferior (bajista). En una tendencia alcista, el indicador suele estar por encima de 50, mientras que en una tendencia bajista está por debajo de 50.

Divergencia de dos períodos RSI

Podríamos aplicar un RSI corto de 5 períodos (RSI 5) al RSI de 14 períodos más largo (utilizado por defecto) (RSI 14) y observar los cruces. Con RSI 14, hay momentos en los que el mercado no alcanza niveles de sobreventa o sobrecompra antes de que se produzca un cambio de dirección. Un RSI con un período más corto responde mejor a los cambios de precios recientes, por lo que puede mostrar los primeros signos de un cambio de tendencia. Cuando el RSI 5 rompe el RSI 14, significa que los precios recientes son cada vez más altos.

En este punto se genera una señal de compra, y debe ocurrir un 5 contra 14 cuando el período 5 está sobrevendido (menos de 30). Cuando el RSI 5 cruza por debajo y se vuelve por debajo del RSI 14, significa que los precios recientes están cayendo. Esta es una señal de venta. Un 5 contra 14 debería ocurrir cuando el período 5 (azul) está sobrecomprado (por encima de 80).

Líneas de tendencia RSI

Conecta las partes superiores e inferiores en el gráfico RSI y opera la ruptura de la línea de tendencia. Para dibujar una línea de tendencia RSI ascendente, conecta tres o más puntos en la línea RSI ascendente. Se dibuja una línea de tendencia descendente conectando tres o más puntos en la línea RSI a medida que cae. La ruptura de una línea de tendencia del RSI podría indicar una posible continuación del precio o un cambio de tendencia. Recuerda que romper una línea de tendencia de RSE generalmente precede a romper una línea de tendencia en el gráfico de precios, lo que genera una alerta temprana y una oportunidad comercial muy temprana.

Divergencia clásica RSI

La divergencia bajista del RSI se forma cuando el precio forma un máximo más alto y, al mismo tiempo, el RSI cae y forma un máximo más bajo. Por lo general, la divergencia del RSI se forma en la parte superior del mercado alcista, y esto se conoce como patrón de reversión. Los operadores esperan una reversión cuando se forma la divergencia del RSI. Esta es una advertencia de reversión temprana, ya que aparece en varias velas antes de que la tendencia alcista cambie de dirección y se rompa por debajo de su línea de soporte.

Por el contrario, la divergencia alcista del RSI se formará cuando el precio forma un mínimo más bajo y el RSI forma un mínimo más alto. Esta es una señal de advertencia temprana de que la dirección de la tendencia podría cambiar de una tendencia bajista a una tendencia alcista. La divergencia RSI se usa ampliamente en el análisis técnico de Forex. Algunos traders prefieren utilizar marcos de tiempo más altos (H4, diario) para negociar la divergencia del RSI. Usando estas estrategias, es posible obtener varias señales de compra y venta de los indicadores RSI.

CAPÍTULO DOS
CÓMO EL MAESTRO NOS DICE QUE INVIRTAMOS

Las 7 reglas de oro de Benjamín Graham

Benjamín Graham fue uno de los exponentes más importantes del análisis fundamental, el enfoque de la inversión financiera que parte de los datos del balance de una empresa para entender si es apropiado incluir sus valores en su portafolio.

La otra gran escuela de inversión es el análisis técnico, que basa sus elecciones en la tendencia del valor de la acción a lo largo del tiempo.

Benjamín Graham fue un inversionista exitoso y autor de libros esenciales para aquellos interesados en la inversión financiera. Entre sus seguidores y alumnos se encuentra Warren Buffett, el mayor inversor vivo.

Benjamín Graham es considerado el padre indiscutible de la "inversión en valor", que es la filosofía de inversión que considera los datos fundamentales de los valores, así como el maestro inspirador de Warren Buffett, el mayor inversionista vivo.

Su enfoque absolutamente racional y lógico de la inversión en acciones ciertamente no tiene relación con el enfoque de la mayoría de los inversores, pero las actuaciones registradas por su gestión (y especialmente por la de su discípulo Buffett) fueron extraordinariamente superiores a las del índice Standard & Poor 500, no solo en términos de tamaño, sino también de consistencia en el tiempo.

Se dictan las siguientes reglas para asegurarse de que obtenga de la inversión:

- un mínimo de calidad con respecto al desempeño pasado y la situación financiera actual de la empresa;
- una cantidad mínima en términos de ganancias y patrimonio obtenido por cada dólar pagado.

1. Tamaño de empresa adecuado

Rotación de no menos de 100 millones de dólares para las empresas industriales y no menos de 50 millones para los servicios públicos (el contexto es la bolsa de valores estadounidense a principios de los años setenta). La idea básica es excluir a las pequeñas empresas, porque podrían estar sujetas a vicisitudes por encima de la media. Por tanto, no hay razón para incluir este tipo de empresas en la cartera del inversor defensivo.

2. Situación financiera suficientemente sólida

Los activos totales deben ser al menos el doble de la deuda (relación deuda / capital menos de 0,5).

3. Estabilidad de las ganancias

Al menos "alguna ganancia" mostrada por la empresa de forma continua durante los últimos 10 años.

4. Dividendos

Pagos ininterrumpidos durante al menos los últimos 20 años.

5. Crecimiento de ganancias

Un aumento mínimo de un tercio en las ganancias por acción durante los últimos 10 años, utilizando promedios de tres años.

6. Relación precio / ingresos moderada

El precio actual no debe exceder 15 veces las ganancias, considerando los últimos tres años. El consejo básico para toda la cartera es tener una relación precio / beneficio general, la inversa del p / e, mejor que la tasa actual de los bonos a largo plazo de alta calificación (Graham incluye el ejemplo p / e 13, 3 = 7,5 % bono).

7. Razón moderada de precios de los activos

El precio actual no debe exceder 1,5 veces el valor en libros (relación precio / capital).

Una relación precio / beneficio superior a 15 puede justificarse por una relación precio / capital social inferior al máximo recomendado.

La regla consiste en no superar el valor de 22,5 como resultado de multiplicar el p / e por el p / mp. El valor 22,5 viene dado por 15 (p / e) multiplicado por 1,5 (p / mp). Por lo tanto, por ejemplo, se permite un p / mp de 2,5 con una relación aw / e de 9.

Estas reglas son dictadas naturalmente por el temperamento del inversionista defensivo, o "inversionista de valor", y ciertamente eliminan la gran mayoría de las acciones cotizadas del rango de elección posible (especialmente para la regla de dividendos).

Por un lado, excluyen aquellas empresas que son (1) demasiado pequeñas (2) en una situación financiera relativamente débil (3) con algún déficit en los últimos 10 años de operación y (4) sin un largo historial de pago de dividendos.

Los dos últimos criterios requieren más ganancias y más activos por dólar pagado que el promedio.

Todas estas reglas se utilizan para crear un buen "factor de seguridad", un concepto introducido por Graham que sirve para excluir compras cuando una porción demasiado grande del precio pagado depende de las ganancias esperadas que siempre están aumentando en el futuro, un factor que aumenta los riesgos de inversión.

Graham dice que el lector tendrá que decidir sobre este importante tema por sí mismo, después de sopesar cuidadosamente los argumentos a favor de invertir en fundamentos o especulación.

El consejo final de Graham para el inversor defensivo es comprar una cartera muy diversificada de las mejores acciones y bonos de alta calificación.

Las 7 reglas de oro de Warren Buffett

Los principales parámetros los adoptó el gran inversor estadounidense, y siempre los siguió de manera consistente a lo largo de su carrera. Estos son principios que se aplican más allá de las fluctuaciones a corto plazo.

Has decidido invertir en el mercado de valores para que tus ahorros paguen más de lo que pagarían si estuvieran estacionados en el banco. Nunca lo has hecho y quieres entender cómo se hace. Descubres que hay muchas formas diferentes, muchas estrategias, tal vez incluso demasiadas que resultan difíciles de encontrar de inmediato. Has oído hablar de Warren Buffet, es imposible no toparte con este nombre: Buffett es uno de los hombres más ricos del mundo precisamente porque sabe invertir.

O ya eres un experto y quieres ampliar tus conocimientos. Si es así, ya sabes quién es Warren Buffett, y probablemente ya tengas una idea de cómo trabaja, pero profundizar siempre es mejor.

De lo contrario, todos serían ricos como él, ¿verdad? Las 7 reglas requieren mucho análisis, muchos datos y mucho control de lo que les sucede a las empresas y sus resultados reales. Pero están hechos de parámetros objetivos y verificables, que pueden ser una ventaja, cosas que se pueden entender. Y en el mundo del mercado de valores no siempre es así.

Y ahora descubramos cuáles son las pautas que llevaron al Sr. Warren Buffett a convertirse en el inversionista número uno del mundo.

Cabe señalar que Buffett nunca ha dictado reglas o parámetros a seguir. Pero estas son pautas que se pueden deducir de las cartas que anualmente escribe a los accionistas de su Berkshire Hathaway, de las entrevistas que concede y sobre todo de su comportamiento. Sin embargo, estos son los parámetros reconocidos por los estudiosos de Buffett como sus líneas inspiradoras. Aunque, para ser honesto, no todos piensan que Buffett solo ha seguido estas reglas.

Cabe señalar, sin embargo, que las siguientes no son reglas de comportamiento en cuanto al acercamiento al mercado de valores, sino de parámetros objetivos a verificar sobre los valores. Veámoslos en orden.

1. Los gerentes deben haber administrado racionalmente el dinero de los accionistas

Según Buffett, decidir si retener las ganancias o devolverlas a los accionistas es un ejercicio de racionalidad. En el caso de que los gerentes tengan la capacidad de ganar dinero más que otros trabajos promedio del mercado, pueden decidir retener las ganancias. Si no tienen esta posibilidad, deben decidir devolverlos a los accionistas, en forma de dividendos o en forma de recompra de acciones propias. Es una encrucijada a la que Buffett concede gran importancia al juicio de la dirección, que tendería a retener las ganancias para aumentar su dominio.

2. La empresa debe haber aumentado realmente las ganancias de sus accionistas a lo largo del tiempo.

El flujo de caja se calcula típicamente en Wall Street como (a) ganancias operativas más (b) gastos de desperdicio y otros gastos no monetarios. Según Buffett se trata de un indicador incompleto, al que hay que sumar (c) las reinversiones que requiere el negocio. (C) es definido por Buffett como "el monto promedio de gastos de planta y equipo que el negocio requiere para mantener una posición competitiva a largo plazo".

El nuevo indicador utilizado en lugar del flujo de caja, que Buffet denomina "ganancias del propietario", será por lo tanto (a) + (b) - (c). Cuando (b) y (c) son diferentes, el cálculo entre el flujo de efectivo y las ganancias del propietario también será diferente, lo que ocurre en la mayoría de las actividades económicas. Cuando (c) excede (b) el análisis de flujo de efectivo sobreestima la realidad económica de la empresa.

3. En el momento de la compra, el precio debe estar al menos un 25% por debajo del valor intrínseco

Calcular el valor de la empresa es tan difícil como difícil de insertar las variables correctas: el flujo de caja neto que se generará durante la vida del negocio, descontado a una tasa de interés adecuada. Buffett usa sus ganancias esperadas del propietario (punto 2) durante la vida del negocio en lugar del flujo de efectivo simplemente descontado por la tasa de bonos a largo plazo del gobierno de EE. UU. Por supuesto, un error en las estimaciones puede anular el resultado de la inversión. Buffett utiliza su "margen de seguridad" del 25% para reducir este riesgo. Por ejemplo, si la estimación es incorrecta en un 10% en exceso, Buffett mantendrá una rentabilidad adecuada, si la estimación es correcta o incorrecta por defecto, la rentabilidad será extraordinaria.

4. Los gerentes deben poder convertir las ventas en ganancias

Se trata esencialmente de la capacidad de contener los costos. Cada vez que una empresa anuncia un plan de reestructuración para reducir costos, es una señal para Buffett de que la empresa hasta ese momento se ha desperdiciado y ha gastado el dinero de los accionistas de manera irrazonable. Se deben considerar aquellas empresas que a lo largo de los años siempre han mantenido un nivel aceptable de beneficios sobre facturación.

5. La empresa debe haber evitado un endeudamiento excesivo.

Las empresas pueden aumentar su rendimiento sobre el capital mediante el aumento de su relación deuda a capital a largo plazo. Sin embargo, según el gran inversionista estadounidense, un buen negocio debe poder obtener una buena rentabilidad sin la ayuda del apalancamiento de la deuda, que debe mantenerse dentro de límites seguros en relación al flujo de caja generado. Los negocios a considerar son aquellos que pueden tener un buen rendimiento sin utilizar una gran cantidad de deuda.

6. La empresa debe haber tenido un desempeño constante

El índice de ganancias por acción por sí mismo no es considerado un indicador válido por Buffett. Como las empresas solo distribuyen una parte de sus ganancias a los accionistas cada año, no hay nada particularmente emocionante en un aumento del 10% en las ganancias por acción si la base de capital ha aumentado en un 10% mientras tanto. Buffett prefiere considerar aquellas empresas que han mantenido una excelente rentabilidad sobre el capital a lo largo del tiempo, es decir, la rentabilidad sobre el capital invertido.

7. Los gerentes deben tener un valor realmente mayor para los accionistas

Esa es la famosa regla que dice "un dólar por un dólar". Las empresas deciden cada año qué parte de la ganancia neta (si corresponde) se distribuirá en forma de dividendos. El resto lo retiene la empresa. Si la parte retenida se usa bien, el mercado la reconocerá a largo plazo y el valor de las acciones aumentará en consecuencia. Se trata de comprobar si el monto retenido se ha transformado con el tiempo en una apreciación del valor de la acción y en qué medida. Según Buffett, se deben considerar aquellas empresas que por cada dólar retenido han creado al menos un dólar de mayor capitalización de mercado de las acciones.

Son reglas muy exigentes de respetar y, sobre todo, difíciles de controlar; requieren una gran cantidad de datos sobre las empresas monitoreadas, incluso en series históricas. Para tener éxito en el tiempo, la inversión en acciones individuales requiere un gran esfuerzo de control y análisis por parte de personas experimentadas y preparadas. Los resultados positivos o negativos de invertir en acciones individuales sin el conocimiento y el análisis adecuados se determinan por casualidad y Buffett ciertamente no ha dejado nada al azar para convertirse en el inversor número uno del mundo.

Los 8 puntos de la filosofía de inversión de Phil Fisher

Fisher comenzó en las finanzas en 1928 como "estadística" para un banco que aseguraba acciones de nueva emisión. La regla en ese momento era invertir con un alto efecto de apalancamiento en la emisión de valores sin ningún análisis o conocimiento de la empresa por parte del inversor.

Fisher también perdió una suma considerable en la crisis de 1929 al invertir en algunas acciones que todavía parecían baratas debido a su baja relación precio / ganancias, aunque su análisis de mercado las identificó como altamente riesgosas y listas para el mercado bajista más grande. de los siguientes 25 años.

En sus escritos, Fisher informa que después del colapso de 1929 la profesión de estadístico había pasado de moda y había sido reemplazada por el analista financiero. Fisher fundó su empresa de consultoría a principios de la década de 1930 siguiendo su filosofía de inversión: seleccionar empresas con un alto nivel de investigación con sólidas perspectivas de crecimiento a largo plazo y mantenerlas en la cartera incluso en tiempos de mala economía. Fisher favoreció la compra y tenencia de carteras de empresas que estaban bien posicionadas para el crecimiento a largo plazo de ingresos y beneficios. El posicionamiento podría determinarse mejor examinando factores que son difíciles de medir a través de los ratios del balance y otras fórmulas matemáticas.

Gran parte del material que se encuentra en los libros de Fisher trata del aspecto cualitativo de la selección de valores. Fisher admite confiar en las recomendaciones de respetados asesores de inversiones para las cuatro quintas partes del trabajo de crear una lista de candidatos atractivos (la última quinta parte de los chismes de la industria). A esta lista preliminar le seguiría una investigación en profundidad. Afortunadamente, los escritos de Fisher proporcionan suficientes detalles para definir algunos filtros básicos para encontrar las existencias en crecimiento que luego deberán analizarse más específicamente.

Fisher no esperaba que una empresa obtuviera una puntuación alta en todos estos puntos, pero cuanto más, mejor.

Su filosofía de inversión, surgida en medio siglo de experiencia empresarial, se puede resumir en los siguientes ocho puntos:

Compra únicamente en empresas con "planes disciplinados" para generar un crecimiento de las ganancias "espectacular" a largo plazo. Estas empresas también deben tener cualidades inherentes, lo que ahora llamaríamos un foso, para que los competidores no puedan quitar esos beneficios. Para obtener más información sobre cómo las empresas califican o se descalifican a sí mismas por esas cualidades inherentes, consulte la sección "Los inversores conservadores duermen bien".

Compra acciones de estas empresas solo cuando no sean favorables, cuando las acciones se vendan muy por debajo de lo que será su precio futuro cuando el mercado comprenda mejor su valor real. Hacerlo será una acción contraria o una respuesta a las condiciones generales del mercado. De cualquier manera, se requerirá una cierta cantidad de coraje.

Mantén ese título para siempre, si puedes, o hasta que surja una de dos situaciones. Primero, si ha habido algún cambio fundamental en la empresa, incluido un debilitamiento de la administración, entonces es hora de vender. En segundo lugar, vende si la empresa ha crecido tanto que ya no puede crecer más rápido que la economía en su conjunto. Y, "Solo en las circunstancias más excepcionales" se debe vender debido a las previsiones económicas o del mercado de valores.

Para aquellos que buscan más ganancias de capital, ignore los dividendos. La expectativa de Fisher era que las empresas con dividendos bajos o nulos serían las más propensas a generar ganancias excepcionales. Mantener los fondos que pagarían dividendos permitirá que todas o la mayoría de las ganancias retenidas se utilicen para generar un nuevo crecimiento y ganancias futuras.

Espera cometer algunos errores; Fisher llamó a esto un costo intrínseco de invertir para obtener grandes rendimientos. Pero los errores nunca deben ignorarse.

Es importante reconocerlos lo antes posible, comprender sus causas y tratar de evitar volver a cometerlos.

También agregó que la voluntad de aceptar pequeñas pérdidas en algunas acciones y dejar que las ganancias crezcan cada vez más en las acciones más prometedoras es una señal de que la gestión de inversiones se hizo bien.

Aceptar pequeñas ganancias en buenas inversiones y dejar que las pérdidas se conviertan en malas es una señal de un mal juicio de inversión. Nunca debe tomarse una ganancia solo por la satisfacción de tomarla.

Reconoce que hay relativamente pocas empresas que son verdaderamente excepcionales y que sus acciones a menudo no están disponibles a precios atractivos. En las raras ocasiones en que estén disponibles precios atractivos, aprovéchelos al máximo. Además, los inversores solo deben centrarse en unas pocas empresas destacadas en sus carteras. Según Fisher, para las personas que poseen más de veinte acciones diferentes es un signo de incompetencia financiera. Diez o doce suele ser un buen número.

Los inversores no deben aceptar ciegamente "la opinión dominante en la comunidad financiera", ni deben oponerse por el simple hecho de estar en contra. Por el contrario, un inversor debería tener más conocimiento y ser capaz de aplicar un mejor juicio al evaluar cuidadosamente situaciones específicas, sin mencionar el coraje de ir en contra de "la multitud" cuando cree que tiene razón.

Finalmente, Fisher señaló que el éxito proviene de una combinación de trabajo duro, inteligencia y honestidad.

Obviamente, estos son los criterios para el éxito en muchos otros tipos de negocios.

El autor agregó que ingresamos a la arena con diferentes grados de actitud, pero que todos podemos hacerlo mejor si hacemos un esfuerzo disciplinado para hacer más. Solo queda el elemento de la suerte, que trató de esta manera:

Si bien la suerte siempre desempeñará un papel en la gestión de sus carteras de acciones comunes, la suerte tiende a equilibrarse. El éxito sostenido requiere habilidad y una aplicación constante de principios sólidos. En el marco de mis ocho pautas, creo que el futuro pertenecerá en gran medida a quienes, a través de la autodisciplina, se esfuercen por lograrlo.

Si bien muchos de los escritos de Philip Fisher ahora parecen familiares para valorar a los inversores, en particular para aquellos que siguen a Warren Buffett y Charlie Munger, no necesariamente habría sido tan conocido cuando se publicó el original en 1958 y cuando salió a la luz. "Los inversores conservadores están durmiendo bien" en 1975. Los inversores de valor de la década de 1950 habrían estado más familiarizados con el trabajo de Benjamín Graham, incluido el énfasis en la compra de acciones baratas, independientemente de su valor.

Fisher, por otro lado, decidió relativamente a principios de la década de 1930 que se dedicaría a acciones de calidad, en lugar de lo que Buffett llamaba "colillas de cigarro" (a cada colilla descartada le quedan al menos un par de bocanadas). Esto resultó influyente entre muchos inversores, incluido Munger, y Munger, a su vez, llevó a Buffett a centrarse en acciones de calidad a largo plazo.

Munger y Buffett reconocieron su deuda con Fisher. Buffett informó que considera "Acciones ordinarias y ganancias extraordinarias y otros escritos" uno de los grandes libros sobre inversión y que Graham y Fisher son las dos principales influencias en su estilo de inversión.

La filosofía de Peter Lynch

Uno de los mejores inversores de la historia es sin duda Peter Lynch, que ha logrado rendimientos anualizados del 29,2% durante un período de 13 años, de 1977 a 1990, como administrador de cartera del Fidelity Magellan Fund, un fondo mutuo que tiene como objetivo utilizar acciones en crecimiento para superar al mercado de valores en general. Afortunadamente para el inversor medio, la mayoría de las técnicas de inversión de Lynch no son demasiado difíciles de aprender; de hecho, muchas de ellas pueden ser bastante fáciles de implementar en su cartera.

Lynch administró el Fidelity Magellan Fund de 1977 a 1990, logrando una tasa de rendimiento anualizada fenomenal del 29,2%. Solo para ilustrar lo impresionante que es este desempeño, considera que una inversión hipotética de $ 10,000 que hubiera logrado este retorno durante 13 años habría crecido a casi $ 280,000.

A menudo se habla de quién es el mayor inversor de todos los tiempos, Peter Lynch o Warren Buffett. Con 54 años al frente de Berkshire Hathaway y un rendimiento anualizado del 20,9%, la longevidad de Buffett a menudo le otorga el título de "el mejor de todos los tiempos", pero hay un fuerte argumento a favor de esto, casi el 30% sostenido durante un período de 13 años es igualmente impresionante.

Si tienes la ambición de tener éxito al invertir como Lynch, te sugiero que comiences por asegurarte de tener una base sólida.

<u>Invierte solo en lo que entiendes</u>

Esta es quizás la lección de inversión más famosa de Peter Lynch.

Lynch cree que lo mejor para el inversor medio es seguir invirtiendo en empresas que comprende bien. También sugiere que los consumidores a menudo pueden identificar tendencias que no necesariamente aparecen en las cifras de los analistas de Wall Street. Por ejemplo, si nota (no es que esto realmente esté sucediendo) que las tiendas de un determinado minorista parecen estar cada vez más ocupadas, podría ser un indicador de que las ganancias están a punto de aumentar. Como ejemplo real, si reconociera el potencial del contenido original para servicios de transmisión como Netflix cuando House of Cards se estrenó en 2013, hoy aumentaría un 1,190% su inversión.

Podríamos decir que las mejores fuentes de ideas para una inversión provienen de la cotidianeidad: ir de compras, conducir, salir a cenar o ver la televisión.

Diversifica tu portafolio

El desempeño de Peter Lynch en el Magellan Fund es aún más impresionante si se considera la cantidad de acciones que posee el fondo. De hecho, el Fondo Magellan tenía más de 1,000 posiciones de capital individuales, más de cinco veces el número que tiene el fondo mutuo de capital promedio.

Lynch creía firmemente en la diversificación o distribución de los dólares de inversión en términos de sectores, tamaño de la empresa y potencial de crecimiento.

Sin embargo, un punto clave es que Lynch no cree en la diversificación solo para reducir el riesgo. Lynch se refiere a esto como "desgarro". Lynch siempre trató de construir una cartera diversificada, pero que también estuviera llena de los mejores valores en todo momento. En otras palabras, Lynch no habría comprado una acción de energía simplemente porque no tenía suficiente exposición al sector energético, a menos que pudiera encontrar una acción de energía que fuera una empresa bien administrada a una valoración razonable (precio relativo al valor intrínseco de los activos) y con un convincente potencial de crecimiento.

Lynch no solo creía que el inversionista promedio podía tener tanto éxito como los profesionales, sino que también creía que el inversionista promedio podía hacerlo mejor que los inversionistas institucionales: administradores de fondos mutuos, fondos de cobertura, etc., gracias a algunas ventajas específicas.

Una razón es que los inversores cotidianos tienen la ventaja de tener una escala menor. En pocas palabras, es más fácil duplicar los $ 10,000 en el mercado que duplicar los $ 10 mil millones.

Para empezar, los inversores más pequeños pueden invertir en empresas más pequeñas que Wall Street puede pasar por alto. Si bien Lynch creía que las acciones de compañías grandes y bien cubiertas se negociaban de manera bastante eficiente, cree que es bastante común que las compañías más pequeñas y menos seguidas tengan un precio incorrecto.

No es fácil encontrar inversiones de pequeña capitalización convincentes, y el mejor consejo que puedo darle es leer e investigar tanto como pueda. Esta es una de las razones por las que Lynch compró tantas acciones en la cartera de Magellano Fund: se centró en comprar muchas empresas pequeñas, bien administradas y de rápido crecimiento que otros gestores de inversiones profesionales ignoraban.

Invertir como Peter Lynch puede parecer fácil, sin embargo, no se equivoque: Lynch dependía en gran medida de la investigación bursátil.

Lynch creía que cuantas más acciones valoraba, mayores eran sus posibilidades de encontrar las mejores en las que invertir.

Lynch aconseja a las personas que aprendan cierta lógica de inversión básica, una vez que la aprenden y comprenden, no es necesario ser un genio matemático para ponerla en práctica.

<u>Porcentaje de ventas</u>

Esta no es una métrica de inversión tradicional, pero es una métrica importante que debes conocer, especialmente si estás utilizando la estrategia de Lynch de "invertir en lo que sabe". Antes de invertir en una empresa basada en un producto que te gusta, necesitas saber qué porcentaje de las ventas de la empresa provienen de ese producto. Por ejemplo, si te encanta una bebida nueva que vende Coca-Cola, pero eso solo representa el 0.02% de las ventas de la compañía, probablemente no tendrá un impacto significativo en el éxito de la compañía.

Relación precio / beneficio

Este es el criterio más utilizado, pero es más útil para comparar empresas de la misma industria, con tasas de crecimiento similares y condiciones financieras similares. Para calcular la relación precio / ganancias, o P / E, simplemente divida las ganancias anuales de una acción por su precio actual. En otras palabras, esta es la cantidad de dinero que los inversores están dispuestos a pagar actualmente por cada dólar de las ganancias de la empresa. El uso de la relación P / E puede dar a los nuevos inversores una buena idea de cómo Wall Street califica a los diferentes tipos de empresas; por ejemplo, una empresa madura generalmente tiene una relación P / U más baja que una empresa de tecnología en rápido crecimiento.

Relación de crecimiento precio-ganancias (relación PEG)

Es simplemente la relación P / E de un valor dividido por su tasa de crecimiento de las ganancias. Esto es más útil que la relación P / E, especialmente cuando se comparan empresas de rápido crecimiento con empresas de crecimiento más lento. En muchos casos, como mencioné anteriormente, las empresas de rápido crecimiento comercian con índices P / E que se disparan, por lo que esto puede ayudar a nivelar el campo de juego.

<u>Posición de efectivo</u>

Cuánto efectivo tiene una empresa en comparación con su deuda. Según Lynch, la compañía ideal tiene una posición de efectivo neta positiva, lo que significa más efectivo en su balance que deuda. Tener mucha liquidez da a las empresas la flexibilidad financiera para crecer como mejor les parezca, y también para hacer frente a crisis económicas o industriales.

<u>Ratio de capital de la deuda</u>

Puedes encontrar el capital y la deuda de una empresa en su balance, y esto puede dar una idea de la solidez financiera de una empresa en particular. En otras palabras, la relación deuda / capital indica cuánto debe una empresa en comparación con cuánto debe.

<u>Valor contable</u>

El valor de todos los activos de una empresa menos los pasivos, expresado por acción. A Lynch le gustaba comprar acciones por menos de su valor en libros, pero solo si la empresa parecía fuerte de otra manera. Si pudiera tener un billete de $ 100 por $ 90, ¿no es así? La misma lógica también se aplica en este caso.

<u>Flujo de efectivo</u>

La cantidad de dinero que acepta una empresa, menos la cantidad que paga. A menudo, los métodos contables utilizados para informar las ganancias pueden no contar exactamente toda la historia. El flujo de caja es una forma más fácil de saber si una empresa está ganando dinero.

Olvídese de intentar medir el tiempo del mercado: piense a largo plazo

Lynch estaba convencido de que los inversores más pequeños tenían un horizonte a largo plazo en comparación con los profesionales. Aunque un fondo mutuo generalmente emplea estrategias de compra y retención, los administradores a menudo todavía se preocupan por los rendimientos que producen en un año determinado.

Según Lynch, en ausencia de muchas sorpresas, las acciones son relativamente predecibles en un período de 10 a 20 años. Si en dos o tres años son más altos o más bajos, también podríamos lanzar una moneda para decidir.

Mantener una mentalidad a largo plazo puede evitar que tome decisiones apresuradas o intente cronometrar el mercado, lo que puede ser bastante costoso.

En realidad, el inversor promedio se desempeña dramáticamente por debajo del mercado a lo largo del tiempo. De hecho, el inversor medio en un fondo de renta variable generaba rendimientos anualizados inferiores al 4%, mientras que, si simplemente hubiera invertido en un fondo indexado del S&P 500, habría obtenido rendimientos del 10,2%. Una de las principales razones es que los inversores entran y salen de sus inversiones con demasiada frecuencia. En otras palabras, es bien sabido que uno de los principios fundamentales de la inversión es "comprar barato y vender caro", pero el inversor medio acaba haciendo exactamente lo contrario.

Sin embargo, a largo plazo, el momento del mercado no importa mucho. Lynch realizó un estudio que consideró a un inversionista que invirtió $ 1,000 cada año en el punto más alto del mercado (el peor momento posible para comprar), así como a un inversionista que invirtió $ 1,000 cada año en el punto más bajo del mercado (el mejor tiempo para comprar). Si vamos a ver, durante un largo período de 30 años, la diferencia fue bastante pequeña: rendimientos anualizados del 11,7% frente al 10,6%.

Por lo tanto, si deseas invertir como Peter Lynch, compra siempre, cuando el mercado esté a la baja y vende cuando el mercado esté en alza. Es imposible elegir el punto de entrada perfecto, e incluso si eliges el peor momento posible para comprar, seguirás estando bien a largo plazo, siempre que te concentres en encontrar grandes empresas.

Hay muchos otros beneficios de la inversión a largo plazo. Primero, pagará tasas impositivas más bajas a las ganancias de capital a largo plazo cuando venda inversiones con ganancias. Además, es probable que también ahorre en comisiones al ingresar y salir de puestos con menos frecuencia de lo que lo haría de otra manera.

En resumen, esto es lo que debe hacer si desea invertir como Peter Lynch:

- Obtén una base sólida de conocimiento comercial y bursátil
- Invierte solo en empresas que conoces bien
- Diversifica tu portafolio

- No ignores las empresas más pequeñas de Wall Street
- Haz una investigación exhaustiva
- Invierte con una mentalidad a largo plazo

Si bien no hay forma de garantizar rendimientos tan impresionantes como los logrados por Peter Lynch a lo largo de su carrera, aprender sus métodos puede colocarte en una mejor posición para capitalizar cuando la economía es fuerte y protegerse cuando la economía se deteriore.

El estilo inversor de William O'Neil

William O'Neil nació en 1933 y es un hombre de negocios y corredor de bolsa estadounidense que fundó Investor's Business Daily y también fundó la firma de corretaje de valores William O'Neil & Co. Inc.

Es más famoso por desarrollar CANSLIM, que es esencialmente una estrategia de inversión para el crecimiento.

En 1963 William O'Neil fundó su firma de corretaje y fue el corredor más joven de la época en comprar un lugar en la Bolsa de Valores de Nueva York.

CANSLIM

CANSLIM puede considerarse una combinación de análisis fundamental y comercio técnico, y puede imaginarse como comercio fundamental.

Esta estrategia utiliza análisis fundamental para encontrar acciones que merezcan aumentar y análisis técnico como patrones de gráficos para la entrada de tiempo.

Una vez que se toma una posición, la estrategia CANSLIM utiliza técnicas de gestión comercial como un objetivo de stop-loss y beneficio.

CANSLIM es un acrónimo:

CANSLIM, que en su traducción al español sería:

Utilidad trimestral actual por acción

Crecimiento anual de beneficios

Nuevos productos, gestión y nuevos máximos

Oferta y demanda

Líder

Patrocinio institucional

Dirección del mercado

Cada una de estas siete letras se entiende así:

<u>Utilidad trimestral actual por acción</u>

Se espera que la utilidad del último trimestre reportada tenga un aumento mínimo del 25% en comparación con el período anterior correspondiente (el mismo trimestre del año anterior). La cifra del 25% es un mínimo, pero se prefiere el 50% o más.

La estrategia CANSLIM funciona mejor con grandes aumentos porcentuales en las ganancias, por lo que se prefieren aumentos porcentuales más altos.

El estado de resultados debe auditarse para confirmar que los ingresos provienen del negocio normal de la empresa.

Las partidas no recurrentes resultantes de la venta de activos, como los inmuebles, distorsionan el resultado informado y las partidas extraordinarias deben deducirse; lo importante es un aumento de las utilidades recurrentes normales.

Las ganancias trimestrales de los últimos dos años deben ser monitoreadas y deben mostrar un aumento bastante grande en las ganancias trimestrales, y el trimestre actual registra el mayor aumento porcentual. Es preferible que las ganancias trimestrales muestren un aumento cada vez más rápido.

Consulta también el beneficio trimestral del siguiente trimestre del año anterior. Con algunas empresas, tus ganancias son estacionales y con otras empresas, tu resultado puede haber sido solo un resultado bajo.

Un resultado más bajo será más fácil de superar cuando se publique el próximo trimestre. Deben verificarse las previsiones de los analistas para el próximo trimestre y el próximo año. Es preferible que estos muestren un aumento acelerado de las ganancias. También se debe verificar el crecimiento de los ingresos trimestrales y anuales para ver si muestra un aumento para justificar el aumento de las ganancias.

Crecimiento anual de ganancias

La ganancia anual debe ser del 25% o más con respecto al año anterior. También se espera que aumenten los ingresos anuales en cada uno de los últimos tres años. El crecimiento de los ingresos debe ser constante y preferiblemente acelerado.

Deben evitarse las empresas con antecedentes de ingresos irregulares.

La estrategia CANSLIM espera un aumento en la tasa de crecimiento de las ganancias. Los ingresos de los últimos tres años también deberían estar aumentando constantemente.

Se prefieren empresas con un alto rendimiento sobre el capital del 20% o más.

La estrategia CANSLIM no tiene en cuenta la relación PE de las acciones, por lo que las acciones a menudo se compran a múltiplos altos debido al sólido rendimiento de las ganancias.

Nuevos productos, gestión y nuevos máximos

Normalmente se requiere algo nuevo para producir un fuerte crecimiento en la facturación y los beneficios de una empresa. El algo nuevo puede ser un nuevo producto o servicio que los consumidores necesitan; esta es también una buena forma de aumentar los ingresos y las ganancias.

Un cambio en la gestión que tiene una nueva dirección para la empresa o mejora la eficiencia también puede tener un efecto positivo en los ingresos y las ganancias.

Simplemente comercializar un producto existente de una manera nueva e innovadora puede tener un efecto positivo.

A veces, el cambio se produce dentro de una industria: los productos o servicios que estaban fuera de lugar ahora están a favor. Las condiciones industriales significativamente mejoradas son una buena forma de aumentar los ingresos y las ganancias.

Las nuevas tecnologías para abaratar los mismos productos también aumentarán los ingresos y las ganancias. La estrategia CANSLIM comienza a tomar acciones en cuenta cuando su precio alcanza un nuevo máximo y se consolida.

Oferta y demanda

La mayoría de las acciones de gran capitalización tienden a excluirse porque la estrategia necesita fuertes necesidades de crecimiento. Por lo general, es mejor si no hay divisiones recientes o si las hay, entonces la división es pequeña, como 2 por 1.

Las grandes divisiones de acciones aumentan significativamente las acciones y, dado que el precio de las acciones suele ser alto, tiende a motivar a los accionistas a vender algunas de estas acciones para asegurar una ganancia.

Por lo general, es una buena señal cuando la empresa recompra sus acciones, especialmente cuando el precio de la acción es alto. Esto reduce el número de acciones y, por lo tanto, aumenta las ganancias por acción. Una ventaja es que la empresa se siente cómoda creyendo que sus ganancias son innecesarias porque espera más aumentos de ganancias.

Líder

La estrategia CANSLIM busca las acciones más fuertes de un grupo industrial.

La fuerza se mide por la fuerza relativa del avance del precio de las acciones frente al índice del grupo industrial.

La estrategia de CANSLIM sugiere considerar solo los primeros tres títulos de un grupo industrial (basado en fuerza relativa). Por lo general, estos son los valores que están superando significativamente al mercado.

El líder de la industria no depende de los ingresos, no es el líder en ingresos. En otras palabras, una gran empresa puede dominar la industria sobre la base de los ingresos en dólares, pero el precio de sus acciones probablemente solo se mueva junto con el índice de la industria, ya que las grandes empresas dominan el rendimiento de los índices.

Esto se debe a que los índices sectoriales se ponderan por capitalización y el rendimiento de un índice industrial se debe en gran medida al rendimiento de las acciones de gran capitalización. Lo que busca la estrategia de CANSLIM son empresas cuya cotización supere el desempeño del índice industrial, lo que significa que las acciones deben ser una empresa más pequeña que no domine el desempeño de los índices.

Patrocinio institucional

Las instituciones son grandes entidades de inversión como

fondos mutuos, fondos de pensiones, fondos de cobertura y compañías de seguros. Las acciones de gran capitalización suelen estar dominadas por instituciones porque tienen una alta liquidez.

A medida que las empresas se hacen más pequeñas, la cantidad de propiedad institucional disminuye, tanto en el número de acciones que se poseen como en el número de instituciones que poseen las acciones. Debido a la gran cantidad de acciones que las instituciones necesitan comprar, la atracción de nuevas instituciones por las acciones proporciona un impulso significativo a la demanda por la cantidad relativamente limitada de acciones disponibles.

A la hora de comprar el título, es ventajoso si ya existen algunas instituciones que poseen el título, pero no demasiadas. De esta manera, todavía hay mucho espacio para que las nuevas instituciones se conviertan en accionistas y, para hacerlo, tienen que comprar acciones a inversores minoristas; esta demanda de las instituciones es lo que impulsa el precio de las acciones.

Es preferible que el número de instituciones haya aumentado en los dos últimos trimestres. Las nuevas instituciones que compraron acciones en el último trimestre probablemente no venderán en el próximo trimestre, pero probablemente aumentarán su posición. Mejor aún si las nuevas instituciones son fondos mutuos con un buen desempeño reciente. Es probable que esto atraiga la atención de otras instituciones que actualmente no poseen el título.

Dirección del mercado

Comprar acciones con precios de alto crecimiento es una estrategia de mercado alcista y producirá rendimientos negativos en los mercados bajistas. Los retiros en los mercados alcistas ocurren todo el tiempo y generalmente no son un problema importante, siempre y cuando la corrección no sea excesiva, ya que la caída temporal suele ser corta y el mercado comienza a subir nuevamente.

Si el retiro del mercado se vuelve excesivo (digamos del 5% al 10%), entonces es mejor suspender cualquier nueva entrada de posiciones y monitorear cuidadosamente las posiciones abiertas. Esperando al inversor se puede buscar la conformación de que el mercado alcista continuará. Si no hay conformación, es probable que se haya desarrollado un mercado bajista. Una recuperación del mercado alcista ocurre cuando un rally del mercado supera el nivel relativamente alto del rally anterior del mercado.

Estrategia comercial

La estrategia CANSLIM es una estrategia de inversión a corto plazo; generalmente no está pensada para inversiones a largo plazo y definitivamente no es adecuada para comprar y mantener inversiones.

El análisis fundamental es únicamente para identificar acciones que tienen una buena razón para recuperarse (una explosión a corto plazo). La decisión de entrada real se basa en un análisis técnico y utiliza modelos gráficos.

Con esta estrategia buscamos acciones que hagan nuevos máximos y se retiren de ese máximo para consolidar durante varias semanas a un mes o más. Una vez que el stock ha alcanzado el nivel superior con respecto a su modelo de consolidación, se considera la entrada una vez que el stock ha alcanzado el nivel más alto.

La estrategia CANSLIM permite la pirámide si el inversor prefiere la pirámide.

La pirámide es una táctica comercial por la que Jesse Livermore es famoso y simplemente significa tomar una posición pequeña inicialmente y si el precio de las acciones avanza, entonces se toman más posiciones a precios más altos.

La posición de cierre debe estar a un precio que no exceda el 5% del nivel de ruptura.

Dados los altos precios que se pagan normalmente, es fundamental que se implemente un stop-loss. La estrategia CANSLIM es una estrategia a más largo plazo que el comercio de posiciones y, por lo tanto, requiere un nivel de stop más amplio.

CANSLIM sugiere utilizar un stop de porcentaje fijo en lugar de un stop basado en un patrón de gráfico. Se espera que el stop-loss sea un 8% por debajo del precio de entrada y esta cifra se ha derivado de backtests históricos como la cifra óptima para usar.

La estrategia CANSLIM sugiere utilizar un objetivo de beneficio del 20%. Si la acción tarda más de tres semanas en alcanzarse, entonces debe venderse al objetivo de ganancias. La estrategia también dice que, si la acción alcanza el objetivo de ganancias del 20% en tres semanas o menos, entonces la acción debe mantenerse durante ocho semanas y el nivel de stop-loss debe aumentarse al precio de entrada.

Después de ocho semanas, aumente el límite de pérdidas hasta el objetivo de ganancias del 20% y busque señales de salida. Estos signos incluyen:

<u>Señales de salida:</u>

El rango diario alto-bajo más grande después de que la acción tenga un gran aumento de precio y una brecha al día después del gran repunte del precio. La estrategia CANSLIM generalmente hará que la mayoría de las transacciones se realicen en un mes o dos.

Los grandes movimientos generalmente ocurren rápidamente fuera del patrón de consolidación y se disparan por encima del nivel del 20% con bastante rapidez y es por eso que se mantienen para un movimiento más grande, que puede durar seis meses.

La inversión de valor estratégico de Bill Miller

Ha sido ampliamente aclamado como un genio de las inversiones y uno de los mejores administradores de fondos mutuos de todos los tiempos, recibiendo numerosos premios de Money, Morningstar y la revista Barron's por sus habilidades de inversión.

Miller pisoteó el S&P 500 durante 15 años, entre 1991 y 2005, también se quedó en el polvo entre 2006 y 2011. Solo en 2008, su Legg Mason Capital Value Trust cayó más del 55%, mientras que el S&P 500 cayó un 38,5% (el fondo ahora se llama ClearBridge Value Trust.

Su estilo de inversión se podría resumir de la siguiente manera:

- No intenta predecir la dirección del mercado.
- Busca el valor de la franquicia.
- Al determinar el valor, está dispuesto a hacer predicciones, pero no les da mucho peso.
- Miller busca ideas de inversión en todas partes.
- Debe haber un margen de seguridad.
- No suele realizar operaciones comerciales.

Los analistas se preguntaron por qué el desempeño de Miller de 2006 fue tan diferente de 1991 a 2005. Surgieron cuatro razones para la diferencia:

- Invierte en el sector tecnológico.
- Su "filosofía de la probabilidad".
- Posiciones concentradas en determinados sectores.
- Demasiada confianza.

Comenzando en el sector tecnológico, Miller ha sido uno de los primeros y entusiastas inversores en empresas como American Online, Google (ahora Alphabet (NASDAQ: GOOG) (NASDAQ:

GOOGL)), Dell (NYSE: DELL) y Amazon (NASDAQ: AMZN). Debido a estas compras, algunos observadores lo han visto como un crecimiento más que como un inversor de valor. Y los analistas sugirieron darle crédito por su oportunidad en esta industria porque vendió la mayoría de sus propiedades tecnológicas justo antes de que estallara la burbuja de las puntocom.

Lo más probable es que Miller pensara que algunos grandes ganadores compensarían a los perdedores. Aparentemente, se equivocó más a menudo que la mayoría de los administradores de dinero, pero también obtuvo mayores ganancias que ellos. Esta estrategia depende de que las acciones no estén relacionadas entre sí, pero Miller hizo grandes apuestas en muchas compañías financieras al mismo tiempo, en el período previo a la crisis financiera de 2008.

Si bien su sincronización con las acciones tecnológicas fue impecable, no fue tan perspicaz sobre su postura concentrada en las acciones financieras mientras se avecinaba la crisis financiera. Incluso mientras la industria colapsaba en septiembre de 2008, estaba comprando 30 millones de acciones más de Fannie Mae (FNMA), Freddie Mac (FMCC) y otros nombres financieros.

Según los autores, un administrador de inversiones necesita confianza, pero un administrador demasiado confiado puede meterse en problemas. Miller mantuvo la confianza durante demasiado tiempo y luego se metió en problemas más graves al comprar más activos financieros a medida que la industria continuaba decayendo. El Wall Street Journal le dijo que dejaría de comprar más solo cuando el precio de las acciones haya bajado tanto que "ya no podamos obtener una cotización".

El gurú ya no está con Legg Mason y ahora dirige su empresa Miller Value Partners, con sede en Baltimore, que dirige con sus dos hijos.

Durante su mandato en Legg Mason, se adhirió al concepto de margen de seguridad introducido por Graham; A diferencia de Graham, no ha sido un comerciante frecuente, prefiriendo en cambio ceñirse a acciones seleccionadas en carteras concentradas. A diferencia de la mayoría de los inversores de valor, trató de medir el tiempo del mercado, con éxito antes del colapso dot-com y sin éxito durante la crisis financiera.

CAPÍTULO TRES
PREPÁRATE PARA INVERTIR

Los 5 mejores corredores de descuentos en 2020

Degiro Comisiones comerciales y no comerciales bajas y una negociación ETF gratuita por mes.

TradeStation Global Comisiones comerciales y no comerciales bajas, altas comisiones por fondos.

Revolut Comisiones comerciales y no comerciales bajas, negociación gratuita de acciones y ETF.

Lealtad Comisiones comerciales y no comerciales bajas, pero altas comisiones por fondos.

TD Ameritrade. Bajas comisiones comerciales y no comerciales, altas comisiones por fondos.

¿Qué hace a un buen corredor de descuentos? Por supuesto, las tarifas son bastante bajas. Esto se aplica a las tarifas, las tasas de financiación y muchos se olvidan de las tarifas no comerciales, como las tarifas inactivas o las tarifas de retiro. Además de las tarifas bajas, también debería ofrecer acceso a muchos mercados y productos.

Degiro es un corredor de descuentos online holandés. Es de propiedad privada y fue fundada en 2008 por ex empleados de otra firma de corretaje. Degiro está regulado por autoridades financieras de alto nivel, la Autoridad Holandesa de Mercados Financieros (AFM) y el Banco Central Holandés (DNB). A partir de julio de 2020, DEGIRO ha eliminado la lista de espera para nuevos clientes. Recomendado para inversores y comerciantes sensibles a los precios que solo buscan realizar transacciones.

TradeStation Global es la marca comercial de TradeStation International, que tiene su sede en el Reino Unido y está regulada por FCA Tier 1. TradeStation International es la subsidiaria de TradeStation y un corredor de introducción a Interactive Brokers (IB). Como tal, TradeStation Global es un producto combinado de TradeStation e IB. Puede llegar a los mercados de IB casi a las tarifas de IB. Puede operar tanto en la plataforma TradeStation como en la plataforma de escritorio IB. TradeStation ofrece servicio al cliente.

Interactive Brokers que TradeStation tienden a ser corredores confiables, regulados por autoridades financieras de alto nivel. Si bien Interactive Brokers cotiza en NASDAQ, TradeStation no, solo la empresa matriz de TradeStation, Monex, cotiza en la Bolsa de Valores de Tokio. Recomendado para traders e inversores que buscan bajas comisiones y una amplia selección de productos.

Revolut es un startup fintech de rápido crecimiento fundada en 2015 y es mejor conocida por sus servicios bancarios y de pago. Gracias a Revolut Trading Ltd, la compañía también comenzó a negociar acciones sin comisiones en 2019. Revolut está regulado por varias autoridades reguladoras, incluida la Comisión de Bolsa y Valores de EE. UU. (SEC) y la Autoridad Reguladora de la Industria Financiera (FINRA). Los activos de los clientes están protegidos hasta $ 500,000 ($ 250,000 en efectivo) bajo el seguro de la Securities Investment Protection Corporation (SIPC). Recomendado para principiantes que buscan operaciones gratuitas y una excelente plataforma de operaciones móviles

Fidelity es un corredor de bolsa estadounidense, fundado en 1946. Está regulado por autoridades reguladoras de alto nivel como la Comisión de Bolsa y Valores (SEC) y la Autoridad Reguladora de la Industria Financiera (FINRA). Fidelity se considera segura porque tiene un largo historial y está regulada por reguladores de alto nivel. Especialmente recomendado para aquellos inversores y comerciantes que buscan una investigación sólida y excelentes plataformas de negociación.

TD Ameritrade se fundó en 1978 y es uno de los corredores de bolsa más grandes de Estados Unidos. Está regulado por autoridades reguladoras de alto nivel como la Securities and Exchange Commission (SEC), la Financial Industry Regulatory Authority (FINRA) y la Commodity Futures Trading Commission (CFTC). TD Ameritrade se considera un corredor seguro ya que tiene un largo historial, cotiza en bolsa, tiene experiencia bancaria, divulga sus datos financieros y está regulado por reguladores de primer nivel. Recomendado para inversores y comerciantes que buscan una investigación estructurada y una plataforma de negociación bien equipada.

¿Qué es un corredor de descuento?

Un corredor de descuento es una empresa de corretaje que ejecuta sus órdenes de compra y venta a una tarifa de negociación baja. Las tarifas de los corredores con descuento pueden ser más bajas ya que no brindan servicios adicionales como investigación, asesoramiento de inversión personal, planificación fiscal o asesoramiento robótico como los corredores de servicio completo.

Los corredores de descuento aparecen en Internet y en los servicios de corredores en línea. Las empresas de corretaje han comenzado a brindar su servicio en línea y de forma totalmente automatizada. Esto puede considerarse el auge de las plataformas comerciales en línea. Una plataforma de comercio en línea es básicamente un sitio web, donde puede realizar pedidos y recibir asistencia al cliente únicamente, sin asesoramiento de inversión.

La brecha entre los corredores de servicios completos y los corredores de descuento se ha reducido en los últimos años. Los corredores de descuento también han comenzado a proporcionar servicios adicionales, como la investigación, mientras que los corredores de servicio completo han comenzado a reducir sus tarifas. La industria completa de corretaje y administración de patrimonio está bajo presión cuando se trata de comisiones, gracias a firmas de corretaje en línea cada vez más rentables.

Hoy, los nuevos corredores de descuento son corredores de libre comercio. Pueden ofrecer operaciones sin comisión y cobrar comisiones adicionales por servicios auxiliares, como operaciones fuera de horario. El corredor de libre comercio en línea más grande de los Estados Unidos es Robinhood. En el Reino Unido, Freetrade lanzó su aplicación comercial en 2018.

¿Son seguros estos corredores?

Puedes estar seguro de que ninguno de ellos es una estafa. Están regulados por al menos un regulador de primer nivel.

Sin embargo, las casas de bolsa también pueden caer. ¿Recuerdas a Lehman Brothers? En estos casos es importante saber qué sucede con los valores y el efectivo. Por lo general, se mantienen en cuentas separadas, por lo que incluso en caso de quiebra de un corredor, estás a salvo.

Si todo sale mal y, por ejemplo, el corredor le roba su capital, entonces tiene un último recurso, el fondo de compensación del país donde el corredor está regulado.

5 mejores analizadores gratuitos para 2020

La búsqueda de nuevas transacciones de acciones no tiene por qué ser una actividad que requiera mucho tiempo si conoce los sitios web adecuados a los que debe dirigirse. Los mejores analizadores de acciones gratuitos brindan a los inversores los datos y la usabilidad que necesitan para realizar la selección de acciones de manera eficiente.

Las mejores ETF y acciones gratuitas

- TradingView
- FINVIZ
- TD Ameritrade
- Yahoo Finanzas
- MarketSmith

1. TradingView

Es uno de los mejores sitios para la detección de acciones y ETF porque ofrece la mejor combinación general de datos de calidad y facilidad de uso. El evaluador utiliza un diseño HTML5 moderno, lo que lo hace extremadamente fácil de usar. También hay una gran selección de datos básicos y técnicos disponibles para el cribado, la personalización de rangos de datos también es un juego de niños. Curiosamente, puede intercambiar fácilmente solo ETF o solo acciones. También aprecio el hecho de que puede realizar una pantalla con una amplia selección de índices de mercado. TradingView es definitivamente un gran sitio para gráficos de acciones y análisis de acciones gratuitos en 2020.

También podemos tener un filtro de acciones y ETF completo con una excelente selección de datos técnicos y fundamentales. Gratis son las alertas de lista y la personalización avanzada de filtros. La exportación de datos y la transmisión de cotizaciones en tiempo real requieren una suscripción paga a TradingView Pro.

2. Finviz

El analizador de almacenes Finviz.com ofrece una amplia variedad de criterios, una interfaz fácil de usar y una buena funcionalidad general. La plataforma también ofrece una selección precisa de datos fundamentales y técnicos, y todos los resultados se muestran de forma limpia. Quizás su característica más interesante es la capacidad de pasar el cursor sobre cualquier cotización bursátil para ver un gráfico que se abre instantáneamente. La desventaja es que no hay una opción de filtro para mostrar solo ETF o resultados de acciones.

Tiene una gran selección de criterios fundamentales y técnicos, gráficos de acciones fáciles de usar y de rápido desplazamiento. Sin embargo, no hay forma de filtrar solo ETF o solo acciones y la herramienta no es muy compatible con dispositivos móviles. Funciones avanzadas como exportación de datos, filtros personalizados y backtesting bloqueados detrás del muro de pago de Finviz Elite.

3. TD Ameritrade

TD Ameritrade es un corredor en línea gratuito. Es mejor conocido por su plataforma de negociación thinkorswim, que viene cargada con herramientas comerciales. Para filtrar y escanear, puede utilizar la herramienta Stock Hacker. Stock Hacker también está cargado de opciones de filtro. Stock Hacker se utiliza mejor como un escáner en tiempo real, ya que la plataforma de negociación incluye cotizaciones de acciones gratuitas en transmisión en tiempo real. Por ejemplo, puede escanear en tiempo real acciones con patrones técnicos específicos como banderas, canales y cuñas.

Como puede adivinar, el objetivo de TD Ameritrade es engancharlo a la plataforma de operaciones para financiar su cuenta y cambiar al corredor para operaciones diarias.

También incluye datos de transmisión en tiempo real, fáciles de usar, un conjunto completo de funciones y está integrado directamente en thinkorswim, lo que significa un acceso rápido a docenas de otras herramientas comerciales.

Sin embargo, para descargar y usar thinkorswim, debe abrir al menos una cuenta (sin depósito mínimo).

4. Yahoo Finanzas

El evaluador de acciones de Yahoo Finance es muy simple, pero lo que le falta en la profundidad de los criterios técnicos y fundamentales para filtrar, lo compensa con simplicidad. Este evaluador de acciones gratuito también incluye cotizaciones de transmisión gratuitas, filtros de datos ESG y los resultados incluyen las columnas de datos fundamentales de Yahoo Finance. Además, además de una lista de resultados tradicional, los resultados se pueden mostrar como mapas de calor. Es simple y fácil de usar, incluye cotizaciones de transmisión y filtros ESG, vista de mapa de calor.

Lista no muy grande de criterios disponibles para la selección, "Tasa de retorno" y "Valoración" bloqueados detrás del muro de pago, no se admite la exportación de datos.

5. MarketSmith

MarketSmith es un paquete de gráficos de Investors.com (Investors Business Daily). Primero, es importante tener en cuenta que MarketSmith no es gratis ni es barato. Para acceder al evaluador, que incluye todas las métricas y calificaciones de William O'Neil, debe suscribirse. Dicho esto, la plataforma de gráficos es fantástica. Con todo, para los inversores que buscan acceso a calificaciones fundamentales patentadas para ayudarlos a identificar y obtener opciones rentables de acciones, MarketSmith merece la pena.

Ofrece un excelente paquete de gráficos que incluye acceso al evaluador junto con toda la lista de clasificación patentada de IBD. Sin embargo, para obtener acceso al evaluador de acciones, debe suscribirse a MarketSmith, que cuesta $ 149.95 por mes.

10 mejores sitios financieros

Con tantas empresas, términos y tendencias a seguir, el mundo financiero puede parecer abrumador. Para mantenerse en la cima del mercado, necesitará toda la ayuda que pueda obtener. Afortunadamente, no necesita un título en finanzas para entender el mercado monetario en estos días.

Internet está lleno de sitios de noticias financieras con abundante información sobre el mercado. Echemos un vistazo a 10 sitios web que todo entusiasta de las finanzas debería marcar como favorito.

1. Mercados de CNN

Una de las redes de noticias más grandes del mundo es sin duda CNN y su página de mercados financieros es uno de los lugares más fáciles de navegar por el mercado. La página contiene los titulares de eventos financieros actuales junto con titulares de tendencias, un gráfico de desempeño de la industria, cambios en las materias primas y más.

Puede hacer clic en cualquiera de estos elementos para obtener más información en las páginas dedicadas. CNN Markets también es una excelente parada en boxes para recibir noticias rápidas y actualizaciones sobre una variedad de temas financieros.

2. Kiplinger

A diferencia de CNN, que se centra más en los titulares de las noticias, Kiplinger es un gran recurso general para consejos y tendencias financieras personales. Encontrarás contenido útil, como cómo evitar pagar salarios molestos, las mejores formas de gastar $ 1,000 adicionales y consejos financieros para los recién casados.

Si es nuevo en la industria, la sección de Kiplinger sobre conceptos básicos de finanzas personales les ayuda a conocerse. Para divertirse, también puede probar algunos cuestionarios que evalúan su conocimiento sobre puntajes crediticios, seguridad social y temas similares.

Aquellos que deseen un estudio práctico sobre cómo los eventos actuales afectan su situación financiera definitivamente deben consultar este sitio.

3. Esto es dinero

Este es el sitio web financiero de Money

Este sitio web financiero centrado en el Reino Unido tiene una gran cantidad de información en su página principal. Encontrarás decenas de artículos (y videos) sobre noticias, tendencias monetarias, ofertas y consejos. Las categorías en la parte superior del sitio, como Facturas, Automóviles y Vacaciones, brindan consejos financieros prácticos sobre temas cotidianos.

Aquellos que no son del Reino Unido pueden no encontrar las noticias en este sitio demasiado útiles, pero hay muchos otros contenidos sobre los que pueden obtener más información. Tómate un minuto para echar un vistazo a la página de inicio; ¡Lo más probable es que encuentres algo que te llame la atención!

4. TheStreet

TheStreet se centra en las noticias, específicamente en lo que se aplica a la inversión. Encontrarás comentarios sobre la actualidad, consejos de inversión, opiniones y las bases para ingresar al mercado. Un colaborador prolífico es Jim Cramer, cofundador del sitio.

Si busca más, TheStreet ofrece servicios de pago para inversores. El análisis en profundidad de los mercados actuales, las recomendaciones de acciones y las tácticas avanzadas son algunos de los servicios que encontrará entre los servicios de pago. Aprender de los expertos siempre es inteligente, por lo que estos planes son un gran paso si desea ir más allá de lo básico.

5. MarketWatch

MarketWatch es una publicación del Wall Street Journal dirigida a quienes están inmersos en los mercados diarios. En la parte superior de la página, encontrarás un ticker que te permite monitorear las principales bolsas de valores, verificar los precios de las acciones y buscar las últimas noticias.

6. Buscando Alfa

Seeking Alpha agrega información de otros sitios financieros. En su página de inicio, encontrará artículos de moda de toda la web, junto con noticias y titulares recientes del último mes.

Definitivamente hay valor en un sitio que hace todo el trabajo de descubrimiento por usted. Así que visite Seeking Alpha cuando quiera ver solo las noticias más importantes y los temas más candentes.

7. Bloomberg Markets

Bloomberg es otro poderoso recurso de noticias financieras, que ofrece mucha información en un formato atractivo. En la página de inicio encontrará las tendencias actuales del mercado, junto con los titulares e historias más importantes.

Si prefieres ver o escuchar, también encontrarás contenido de video. En general, Bloomberg es un sitio equilibrado con una gran combinación de contenido que cualquiera puede disfrutar y explotar.

8. Forbes Money

Forbes es un nombre muy conocido en los negocios y las finanzas, y por una buena razón. No importa si está interesado en inversiones, pequeñas empresas o liderazgo, encontrará algo para leer en Forbes Money. Este es uno de los pocos sitios en la lista que no solo se enfoca en finanzas. También puede disfrutar del sitio de Forbes Money.

La estrategia de inversión de cartera permanente

Ahora mismo hay mucho miedo, incertidumbre y dudas sobre las inversiones y los mercados financieros. Ahora mismo podría ser un buen momento para aprovechar la oportunidad de reevaluar la actual estrategia de inversión a largo plazo y encontrar formas de mejorar.

Con este espíritu, veremos cómo administrar los fondos de inversión a largo plazo.

Sin embargo, también es bueno recordar que las leyes varían

en todo el mundo y cambian de un mes a otro, por eso quiero asegurarme de que no haya absolutamente ningún malentendido antes de comenzar y por lo tanto también es bueno recordar informarse antes de hacer cualquier inversión.

Sin embargo, lo que elijas hacer con la información que leas aquí o en otro lugar dependerá completamente de ti, y las consecuencias de tus elecciones son 100% de su exclusiva responsabilidad.

Recuerda que todas las inversiones contienen elementos de riesgo. Debes comprender cuáles son estos riesgos antes de comprar cualquier inversión. Siempre es bueno recordar que el desempeño pasado no es garantía de resultados futuros. Asimismo, cualquier análisis, opinión y noticia u otra información que encuentre como comentario general del mercado y que no constituya un consejo de inversión.

Cuenta de retiro

Cada año fiscal puedes contribuir y pagar el máximo a tu fondo de pensiones. Según las normas fiscales de EE. UU., Mientras escribo esto, puedes contribuir hasta el 20% de tus ingresos antes de la deducción de impuestos por trabajo por cuenta propia, hasta un máximo de $ 49.000. Las contribuciones que realizas se deducen de tu renta imponible, lo cual es bueno, ya que esto significa que tiene más capital en su cuenta que puede crecer durante décadas. Cuando comencemos a retirar el dinero más tarde (después de cumplir 59 años y medio), se gravará como ingreso normal.

Podemos utilizar una asignación de cartera permanente para el 100% de sus inversiones en dólares a largo plazo.

Una posible asignación de activos podría ser:

- 25% índice total del mercado de valores
- 25% Bonos del Estado a largo plazo
- 25% de oro
- 25% Efectivo

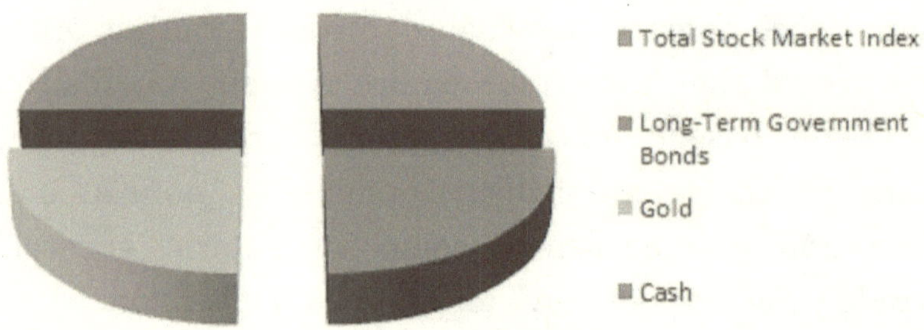

Imagen 5: Cartera de activos permanentes

Hay varias razones por las que prefiero la asignación de cartera permanente:

1. La Cartera Permanente no requiere provisión.

Nadie puede predecir el futuro. Las promesas de predecir el futuro son endémicas de la inversión, lo que genera grandes pérdidas y malas decisiones de inversión.

La asignación de activos del Fondo Permanente no intenta predecir nada, simplemente reconoce que los mercados financieros continuarán cambiando. A algunas clases de activos les irá bien, mientras que a otras les irá mal.

En lugar de intentar predecir qué clases de activos obtendrán mejores resultados, tiene cuatro tipos de activos principales correlacionados negativamente, que se contrarrestan entre sí. En general, la cartera crece como (o, mejor dicho) el mercado de valores total, sin grandes cambios en la volatilidad, que son psicológicamente difíciles de gestionar.

2. Históricamente, la Cartera Permanente ha tenido un buen desempeño en promedio.

3. La cartera permanente elimina en gran medida la aversión a pérdidas.

Los seres humanos odian universalmente perder, incluso odian el potencial o la percepción de la pérdida, por muy transitoria que sea la pérdida. Puedes pensar en la Cartera Permanente como las cuatro clases de activos principales que la gente compra con entusiasmo cuando los tiempos son buenos o huyen cuando las cosas se ponen aterradoras.

Cuando el negocio va bien, todos están entusiasmados con la acción. Cuando la inflación, la deflación o la recesión están al acecho, los inversores huyen de las acciones en bonos, oro o efectivo. Independientemente de los caprichos del mercado, con las cuatro clases de activos, sus rendimientos son estables.

Tomamos los rendimientos del mercado sin la volatilidad del mercado todos los días; esto nos libera tiempo y atención a los problemas más importantes, como la construcción de su negocio.

4. La cartera permanente es muy barata.

Cabe señalar que las cuatro clases de activos están disponibles como ETF de bajo costo.

Dado que estos fondos son administrados automáticamente por computadoras, no tengo que pagar el 2-3% de mis activos a un consultor de administración de activos cada año para obtener peores resultados que los del mercado. Por el contrario, pagamos una comisión absurdamente baja para obtener mejores resultados.

Además, solo hay cuatro activos para equilibrar, por lo que incluso las tarifas de transacción son extremadamente bajas: no es necesario un comercio activo.

5. 5. La Cartera Permanente no se basa en decisiones humanas.

El Portafolio Permanente está diseñado con una lógica que elimina en gran medida la toma de decisiones. Las únicas acciones requeridas son: depositar dinero en la cuenta, asignar fondos en las unidades del 25% descritas anteriormente y reequilibrar la cartera cuando uno de estos activos constituye el 30-35% de la cartera, restableciendo las asignaciones iniciales del 25%.

La naturaleza sistemática de la cartera significa que no tenemos que decidir en qué invertir, cuándo invertir o tratar de predecir precios futuros. Solo gestiona el sistema. Y también podemos hacer todas esas cosas, en lugar de pagarle a alguien para que lo haga por nosotros.

5. 5. La Cartera Permanente también se puede automatizar por completo.

Hay empresas de corretaje en línea que ofrecen posibilidades de reequilibrio y automatización extremadamente sólidas.

Cada mes, todo lo que se necesita para reequilibrar la cartera es una sola operación: haz clic en el botón "reequilibrar". La plataforma se encarga del resto. También puedes configurar el sistema para reequilibrar periódicamente, de acuerdo con un programa que especifique.

Este es un uso brillante de la estructura de guía. Al automatizar el sistema, no tenemos que arriesgarnos al agotamiento de la fuerza de voluntad y la incomodidad de la predicción al reequilibrar, como lo haremos al vender un activo de alto rendimiento para comprar un activo de bajo rendimiento. Hemos decidido de antemano lo que queremos hacer, por lo que la plataforma nos permite hacerlo de forma automática.

Las funciones de automatización eliminan la fricción del proceso de inversión. Podemos depositar dinero automáticamente, asignar dinero automáticamente y reequilibrar automáticamente.

Todas estas cosas eliminan las barreras que obstaculizan el éxito de una inversión a largo plazo, lo que aumenta las probabilidades de éxito a largo plazo. Esto podría ser: una forma sencilla, económica, fácil, sistemática y automatizada de cosechar los beneficios de una inversión a largo plazo.

La estrategia de captura de dividendos

La estrategia de captura de dividendos es una forma ampliamente utilizada por los comerciantes diarios. A diferencia del enfoque tradicional, que se basa en comprar y poseer acciones que pagan dividendos de manera estable para generar un flujo constante de ingresos, esta estrategia requiere compras y ventas frecuentes de acciones, manteniéndolas solo por un corto período de tiempo, solo tiempo, precisamente, necesario para capturar el dividendo que paga la acción. En ocasiones, las acciones subyacentes solo se pueden mantener durante un día.

Los dividendos generalmente se pagan anualmente o trimestralmente, pero algunos se pagan mensualmente. Los traders que utilizan la estrategia de distribución de dividendos prefieren pagar dividendos anuales más grandes, ya que generalmente es más fácil hacer rentable la estrategia con montos de dividendos más altos. Los calendarios de dividendos con información sobre el pago de dividendos están disponibles sin cargo en un número ilimitado de sitios web financieros.

Principales beneficios

Una estrategia de distribución de dividendos es una estrategia de inversión orientada al tiempo que implica la compra programada y la posterior venta de acciones que pagan dividendos.

La captura de dividendos requiere específicamente la compra de una acción justo antes de la fecha de pago del dividendo para recibir el dividendo y luego venderlo inmediatamente después del pago del dividendo. El propósito de las dos transacciones es simplemente recibir el dividendo en lugar de invertir a largo plazo.

Dado que los mercados tienden a ser bastante eficientes, las acciones suelen bajar de valor inmediatamente después del pago de dividendos, se ha cuestionado la viabilidad de esta estrategia.

Cronograma de dividendos

En el corazón de la estrategia de distribución de dividendos hay cuatro fechas clave:

Fecha de declaración: La Junta Directiva anuncia el pago de dividendos. Esta es la fecha en la que la empresa declara su dividendo. Se lleva a cabo mucho antes del pago.

Fecha ex-dividendo (o ex-fecha): la acción comienza a cotizar sin el dividendo. Esta es la fecha límite para ser elegible para recibir el pago de dividendos. También es el día en que el precio de la acción suele caer de acuerdo con el monto del dividendo declarado. Los comerciantes deben comprar las acciones antes de este día crítico.

Fecha de registro: este es el día en que una empresa registra qué accionistas son elegibles para recibir el dividendo.

Fecha de pago: este es el día en que se paga el dividendo y la empresa emite el pago del dividendo.

Como funciona la estrategia

Una de las características que hace que esta estrategia sea más atractiva es su simplicidad: no se requiere un análisis fundamental o gráfico complejo. Básicamente, un inversor o comerciante compra las acciones antes de la fecha de separación de dividendos y las vende en la fecha de separación de dividendos o en cualquier momento posterior. Si el precio de la acción cae después del anuncio del dividendo, el inversor puede esperar a que el precio vuelva a su valor original. Los inversores no tienen que retener las acciones hasta la fecha de pago para recibir el pago del dividendo.

En teoría, la estrategia de distribución de dividendos no debería funcionar. Si los mercados operaran con una lógica perfecta, entonces el monto del dividendo se reflejaría exactamente en el precio de la acción hasta la fecha de pago del dividendo, cuando el precio de la acción caería exactamente en el monto del dividendo. Dado que los mercados no operan con tanta perfección matemática, esto generalmente no sucede. La mayoría de las veces, un comerciante captura una parte sustancial del dividendo a pesar de vender las acciones con una ligera pérdida después de la fecha de vencimiento del dividendo. Un ejemplo típico es el de una acción que se cotiza a $ 20 por acción, pagando un dividendo de $ 1, cuyo precio baja en la fecha anterior solo a $ 19,50,

Una variación de la estrategia de captura de dividendos utilizada por inversores más sofisticados es intentar capturar más que el monto total del dividendo comprando o vendiendo opciones que deberían beneficiarse de la caída del precio de las acciones en la fecha ex.

Esta estrategia también ofrece oportunidades de ganancias continuas, ya que hay al menos una acción que paga dividendos casi todos los días de negociación. Una gran participación accionaria en una acción se puede traspasar regularmente a nuevas posiciones, capturando el dividendo en cada paso. Con una inversión de capital inicial sustancial, los inversores pueden beneficiarse de retornos pequeños y grandes, ya que los retornos de implementaciones exitosas a menudo se acumulan. Aunque a menudo es mejor centrarse en empresas grandes de rendimiento medio (~ 3%) para minimizar los riesgos asociados con las pequeñas empresas al tiempo que ofrece un pago significativo.

Los operadores no solo consideran los valores tradicionales que pagan los dividendos más altos, sino que también consideran la captura de dividendos de valores extranjeros de alto rendimiento que operan en las bolsas de EE. UU. y los fondos negociados que pagan dividendos.

Ejemplo del mundo real

El 27 de abril de 2011, el título de Coca Cola (KO) se cotizaba a 66,52 dólares. El Consejo de Administración, el 28 de abril, declaró un dividendo trimestral regular de $ 0,47 centavos y las acciones subieron de $ 0,41 a $ 66,93. Aunque la teoría sugeriría que el salto de precio equivaldría al monto total del dividendo, la volatilidad general del mercado juega un papel importante en el efecto del precio de la acción. Seis semanas después, el 10 de junio, la compañía cotizaba a 64,94 dólares. Este sería el día en que el inversor de captura de dividendos compraría las acciones de KO.

El precio de la acción subió a 65,12 dólares el 13 de junio cuando se declaró el dividendo. Este sería un punto de salida ideal para el comerciante que no solo calificaría para recibir el dividendo, sino que también obtendría una ganancia de capital. Desafortunadamente, este tipo de escenario no es consistente en todos los mercados de valores. Al contrario, subyace en la premisa general de la estrategia.

Costes adicionales

Los costos de transacción reducen aún más la suma de las ganancias obtenidas. El precio de la acción caerá en la fecha ex dividendo, pero no por el monto total del dividendo (a diferencia del ejemplo anterior de Coca-Cola). Si el dividendo declarado es de 50 centavos, el precio de la acción podría caer 40 centavos. Si se excluye los impuestos de la ecuación, solo se obtiene 10 centavos por acción. Cuando los costos de transacción para la compra y venta de valores ascienden a $ 25 en ambos casos, debe comprar una cantidad sustancial de acciones simplemente para cubrir las tarifas de corretaje. Para capitalizar todo el potencial de la estrategia, se requieren grandes posiciones.

Las ganancias potenciales de una estrategia de captura de dividendos pura suelen ser pequeñas, mientras que las pérdidas potenciales pueden ser sustanciales si hay un movimiento negativo del mercado durante el período de tenencia. Una disminución en el valor de las acciones en la fecha ex que exceda el monto del dividendo puede obligar al inversionista a mantener la posición durante un período prolongado de tiempo, introduciendo un riesgo sistemático y específico de la empresa en la estrategia. Los movimientos adversos del mercado pueden eliminar rápidamente cualquier beneficio potencial de este enfoque de distribución de dividendos. Para minimizar estos riesgos, la estrategia debería centrarse en las participaciones a corto plazo de las grandes empresas de primera línea.

La línea de fondo

Las estrategias de distribución de dividendos proporcionan un enfoque alternativo a la inversión para los inversores que buscan ingresos. Algunos partidarios del mercado eficiente argumentan que la estrategia de captura de dividendos puede no ser eficaz. Esto se debe a que los precios de las acciones aumentarán en la cantidad del dividendo antes de la fecha de presentación de informes, o porque la volatilidad del mercado, los impuestos y los costos de transacción mitigan la oportunidad de encontrar ganancias sin riesgo. Por otro lado, los gestores de carteras ágiles suelen utilizar esta técnica de forma eficaz como un medio para lograr rendimientos rápidos.

Si la distribución de dividendos siempre hubiera sido rentable, las estrategias de inversión impulsadas por computadora ya habrían aprovechado esta oportunidad.

Las comisiones de intermediación, el tratamiento fiscal y cualquier otro tema que pueda afectar la rentabilidad de la estrategia deben ser considerados por aquellos traders que quieran empezar a trabajar con esta estrategia. No hay garantía de ganancias. De hecho, si el precio de la acción cae drásticamente después de la adquisición de una acción por parte de un comerciante por razones completamente ajenas a los dividendos, el comerciante puede incurrir en pérdidas sustanciales.

25 acciones de alto rendimiento

Para los inversores que buscan ingresos regulares, las acciones de dividendos pueden ser una excelente opción.

Los valores de dividendos distribuyen regularmente una parte de las ganancias de la empresa a los inversores. La mayoría de las acciones de dividendos estadounidenses pagan a los inversores una cantidad fija cada trimestre, mientras que las acciones de dividendos más altos aumentan sus pagos a lo largo del tiempo para que los inversores puedan generar un flujo de caja similar al de una anualidad.

Además, los dividendos tienden a ser menos volátiles que las acciones en crecimiento, por lo que su uso también puede ayudar a diversificar su cartera general y reducir el riesgo.

Existen principalmente dos formas de invertir en acciones con dividendos:

- a través de fondos mutuos, como fondos indexados o fondos cotizados en bolsa, que tienen acciones que pagan dividendos,
- comprando acciones de dividendos individuales.

Los ETF de dividendos o fondos indexados ofrecen a los inversores acceso a una selección de acciones de dividendos dentro de una sola inversión; esto significa que con una sola transacción es posible poseer una cartera de acciones de dividendos. Luego, el fondo le pagará dividendos regulares que puede tomar como ingreso o reinvertir. Los fondos de dividendos ofrecen la ventaja de la diversificación inmediata: si una acción del fondo reduce o suspende su dividendo, aún puede contar con los ingresos de los demás.

Cómo invertir en acciones de dividendos

Aunque crear una cartera de acciones de dividendos individuales puede llevar tiempo y esfuerzo, para muchos inversores vale la pena.

¿Cómo podemos comprar acciones con dividendos?

- Encuentra una acción que pague dividendos. En muchos sitios financieros hay listas actualizadas de acciones que pagan dividendos. También hemos incluido una lista de acciones con altos dividendos a continuación.

- Evalúa las acciones. Para mirar bajo el capó de una acción de alto dividendo, comienza a comparar los rendimientos de dividendos entre sus pares. Una posible señal de advertencia podría ser cuando el dividendo de una empresa es mucho más alto que el de empresas similares. Como mínimo, vale la pena investigar más sobre la seguridad de la empresa y los dividendos. También es importante verificar la tasa de pago de las acciones, que le indica qué parte de los ingresos de la empresa se destina a dividendos. Una tasa de pago demasiado alta, generalmente superior al 80%, aunque puede variar según el sector, significa que la empresa está dedicando un gran porcentaje de sus ingresos a pagar dividendos. En algunos casos, las tasas de pago de dividendos pueden superar el 100%, lo que significa que la empresa podría endeudarse para pagar dividendos. (Tenemos una guía completa sobre cómo investigar una acción).

- Decide la cantidad de acciones que deseas comprar. La diversificación es necesaria si estás comprando acciones individuales, por lo que debes determinar qué porcentaje de la cartera se destina a cada acción. Por ejemplo, si estás comprando 20 acciones, podrías poner el 5% de su cartera en cada una de ellas. Sin embargo, si las acciones son más riesgosas, es posible que desees comprar menos e invertir más dinero en opciones más seguras.

Consideración n. 1 en la compra de acciones con dividendos es la seguridad de sus dividendos. Los rendimientos de dividendos superiores al 4% deben examinarse cuidadosamente; los que superan el 10% entran firmemente en un territorio en riesgo. Entre otras cosas, un rendimiento de dividendos demasiado alto puede indicar que el pago no es sostenible o que los inversores están vendiendo las acciones, lo que hace que el precio de las acciones baje y aumente el rendimiento de los dividendos en consecuencia.

Lista de 25 acciones con altos dividendos

A continuación, se muestra una lista de 25 acciones con altos dividendos, ordenadas por rendimiento de dividendos y se muestra el monto pagado por período (no anualmente).

Símbolo	*nombre de empresa*	*Dividendo*	*Rentabilidad por dividendo*
NHI	*National Health Investors Inc. (REIT)*	*$ 1.10*	*7,36%*
SNB	*El Banco de Nueva Escocia*	*0,90 USD*	*6,29%*
ECB	*BCE Inc.*	*$ 0.83*	*5,76%*

CVX	Chevron Corp.	$ 1.29	5,69%
BMO	Banco de Montreal	$ 1.06	5,59%
TRP	TC Energy Corp.	$ 0.81	5,46%
PFG	Principal Financial Group Inc.	0,56 USD	5,31%
TD	El banco Toronto-Dominion	0,79 USD	5,13%
STX	Seagate Technology Plc.	$ 0.65	5,00%
OMC	Omnicom Group Inc.	$ 0.65	4,88%
RY	Royal Bank of Canada	$ 1.08	4,67%
DUK	Duke Energy Corp.	$ 0.95	4,60%
CERVEZA INGLESA	ALLETE Inc.	$ 0.62	4,53%
NKSH	National Bankshares Inc.	$ 0.67	4,49%
NWE	NorthWestern Corp.	0,60 USD	4,40%
SLF	Sun Life Financial Inc.	$ 0.55	4,36%
BXP	Boston Properties Inc. (REIT)	$ 0.98	4,32%
BOH	Bank of Hawaii Corp.	$ 0.67	4,23%
MTB	M&T Bank Corp.	$ 1.10	3,96%
BKH	Black Hills Corp.	$ 0.54	3,93%
DTE	DTE Energy Co.	$ 1.01	3,90%

SR	*Spire Inc.*	*$ 0.62*	*3,80%*
WHR	*Whirlpool Corp.*	*$ 1.20*	*3,78%*
UPS	*United Parcel Service Inc.*	*$ 1.01*	*3,75%*
MMM	*3M Co.*	*1,47 USD*	*3,72%*

Datos bursátiles actuales al 22 de junio de 2020.

10 próximas OPI

En la primera mitad de 2020, el mercado de oferta pública inicial se vio fuertemente afectado por la pandemia de coronavirus, que afectó tanto a los posibles anuncios como a las empresas que se hicieron públicos recientemente. En junio, la actividad de OPI se recuperó, pero muchas OPI planificadas todavía se encuentran en un estado de incertidumbre debido al virus.

¿Qué es una oferta pública inicial y cómo se invierte en una oferta pública inicial?

Una OPI marca la primera vez que una empresa privada se convierte en cotizada.

Cuando una empresa cotiza en bolsa, ofrece vender acciones de su negocio a inversores externos en una bolsa de valores establecida, como la Bolsa de Valores de Nueva York o el Nasdaq. Los inversores pueden comprar esas acciones, lo que los convierte en copropietarios de la empresa.

Una vez definidos los detalles del precio y la fecha de salida a bolsa, marca tu calendario: Esta será la fecha en la que las acciones de la nueva empresa pública estén disponibles para su compra, lo que se puede hacer a través de una cuenta de corretaje.

Existe una diferencia entre el precio de una oferta pública inicial y el precio que pagará por las acciones. El precio de oferta declarado antes de la OPI es un precio fijo, pero puede reservarse para un grupo limitado de inversores, incluidos los empleados de la empresa y los inversores que cumplen con ciertos requisitos de elegibilidad (como un balance mínimo o la frecuencia de negociación).

Tus órdenes se llevan a cabo antes de que suene la campana de apertura el día de la OPI. Para atraer inversores, el precio de la OPI suele ser más bajo de lo que los analistas que evalúan el precio de la empresa creen que las acciones pueden obtener en el mercado abierto.

El precio que paga por una oferta pública inicial el día del debut podría diferir significativamente del precio de oferta inicial.

Para la mayoría de los inversores, invertir en una oferta pública inicial significa comprar acciones una vez que comienzan a cotizar. Esto significa que el precio a pagar reflejará la demanda de la acción el día de su debut y puede diferir significativamente del precio de oferta. La publicidad en el día de la apertura solo contribuye a aumentar la volatilidad de los precios y es el argumento a favor de un enfoque de esperar y ver para invertir en una OPI.

Las OPI pueden subir y bajar rápidamente en los primeros días de cotización pública. Considere Snap, la empresa matriz de Snapchat que salió a bolsa en marzo de 2017 con un precio de OPI de 17 dólares. Subió más del 40% en su primer día de operaciones, pero ha cotizado en gran medida al precio de la OPI desde entonces.

¿Te arriesgas a invertir en una oferta pública inicial?

Podrías celebrar tu última oferta pública inicial por adelantado si resulta ser un éxito a largo plazo, pero maldecirás la misma seguridad si hace estallar tu cartera. Recuerda siempre que ninguna inversión es segura y que las OPI no son una excepción.

Si bien las OPI pueden parecer ofrecer una atractiva oportunidad de ganancias rápidas, ha habido algunos fracasos famosos a lo largo de los años. Toma Pets.com, que se liquidó menos de un año después de su OPI, o Groupon, que aún no ha visto sus acciones al nivel en el que debutaron.

Según un análisis del banco de inversión UBS, de las más de 7.000 empresas que tuvieron OPI entre 1975 y 2011, alrededor del 60% tuvo rendimientos totales negativos después de cinco años de cotización pública.

Para mitigar algunos de los riesgos, adopta el mismo enfoque para invertir en OPI que tomarías para comprar cualquier otra acción:

Debes saber en lo que te estás metiendo

Cuando investigues una empresa, comienza por leer su informe anual, si has cotizado en bolsa durante un período determinado, o el formulario S-1. Muchos de los riesgos para el éxito a corto y largo plazo de una empresa se describen en estos informes por personas con información privilegiada. Pero no solo confíes en su palabra: investiga sobre la industria, los competidores de la empresa y las condiciones generales del mercado de valores antes de invertir en cualquier empresa. Es algo inteligente, ya sea que la empresa ya esté establecida o sea nueva en los mercados públicos.

Comprar muchas acciones de una acción volátil al principio

puede darle un paseo salvaje. Cuando el precio de las acciones de una empresa es algo impredecible, el costo promedio en dólares (distribuir las transacciones y comprar las acciones a intervalos regulares a lo largo del tiempo) lo protege del riesgo de, por ejemplo, comprar acciones. en la cima. Y ten en cuenta que no tiene que ser el primero en la fila: acciones como Apple, Amazon y Google han proporcionado grandes rendimientos a los inversores que compraron acciones años después de las primeras ofertas públicas de esas empresas.

Mantén tu billetera equilibrada

Es importante que nunca permitas que una sola inversión, IPO o de otro tipo, distorsione la asignación de tu cartera de una manera que pueda ser perjudicial para tus objetivos a largo plazo. Para reducir tu riesgo general, te recomendamos que asigne la parte de tus activos a valores individuales no más del 5-10% de tu cartera total, mientras que el resto de tus ahorros a largo plazo se distribuyen entre varios fondos mutuos basados en índices.

Recuerda que las acciones individuales por sí solas no son la única forma de entrar en acción; existen otras inversiones diversificadas, como los fondos indexados mencionados anteriormente, que te brindan la oportunidad de comprar una amplia selección de acciones con un producto y al mismo tiempo. Para explorar estas y otras opciones, consulta nuestra guía paso a paso para principiantes sobre cómo invertir en acciones.

Próximas OPI a seguir

Airbnb

En 2019, Airbnb trajo algunas nuevas contrataciones clave, incluido un veterano de Amazon para servir como director financiero de la compañía, quien informó que el organizador del casamentero de casas compartidas planeaba salir a bolsa en breve. A esto se sumó la adquisición del sitio de reservas de última hora HotelTonight y la plataforma de alquiler de espacios de citas a corto plazo Gaest.com.

Sin embargo, el brote global de coronavirus ha tenido un gran impacto en los viajes, lo que podría afectar el momento de la OPI de la compañía. En abril, Airbnb recaudó 2.000 millones de dólares en dos rondas de financiación para seguir invirtiendo en su negocio, pero no proporcionó actualizaciones sobre una posible oferta pública inicial de 2020.

Asana

Los detalles de la OPI de Asana aún no están claros, pero la empresa de aplicaciones de eficiencia en el lugar de trabajo anunció en febrero que había presentado de manera confidencial un borrador del Formulario S-1 ante la Comisión de Bolsa y Valores. Se espera que Asana tome la ruta del listado directo, una estrategia que Spotify y Slack hicieron famosa. A través de una oferta pública directa, o DPO, las empresas no emiten nuevas acciones, sino que los iniciados venden sus acciones existentes directamente a nuevos inversores, sin pasar por los intermediarios de Wall Street.

Cole Haan

El zapatero Cole Haan tiene más de 90 años de experiencia en la industria de bienes de consumo, que ha resistido la mayoría de los altibajos del siglo XX.

En los últimos años, la empresa ha invertido $ 100 millones en innovación digital para seguir siendo relevante en el sector minorista que cambia rápidamente. Sin embargo, el momento de la salida a bolsa de Cole Haan está sujeto a cambios. Los informes indican que esto también podría retrasar su salida a bolsa, ya que el coronavirus y otros factores continúan ejerciendo presión a la baja en el mercado de valores. Cuando llegue el momento de listarlo, esperan recaudar $ 100 millones.

Brújula

El corretaje de bienes raíces de Compass se ha hecho un nombre al combinar los servicios de corretaje tradicionales con tecnología innovadora, y se presenta como la "primera plataforma inmobiliaria moderna". Pero Compass ofrece mucho más que una simple charla de marketing. En 2019, adquirió la empresa de inteligencia artificial y aprendizaje automático Detectica para mejorar aún más sus servicios de consultoría para el hogar basados en inteligencia artificial.

El proyecto para una OPI de Compass comenzó en 2019 cuando el CEO Robert Reffkin dijo que podría ser probable una OPI inminente, aunque la compañía no ha tomado ninguna otra medida oficial. Sin embargo, Compass actualmente también tiene un trabajo para un consultor general asociado para los títulos, las revisiones de los empleados en Glassdoor revelan el entusiasmo "previo a la OPI" de la compañía.

DoorDash

Si no había oído hablar de DoorDash antes de la pandemia de

coronavirus, es probable que todo haya cambiado durante los diversos períodos de bloqueo que siguieron al brote inicial. En abril de 2020, DoorDash solo representó el 45% de todas las operaciones de entrega de alimentos en los Estados Unidos, lo que lo convierte en el servicio más grande de su tipo en el país, según un informe de la firma de inteligencia de mercado Edison Trends. En comparación, los rivales Uber Eats y Grubhub representaron el 28% y el 17% del mercado, respectivamente. DoorDash presentó el Formulario S-1 en febrero de 2020, aunque este es hasta ahora el único formulario oficial que ha presentado ante la SEC.

DoubleDown Interactive

DoubleDown Interactive, Corea del Sur con una oficina en Seattle, desarrolla y publica juegos de casino sociales digitales, se ha presentado ante la SEC para ofrecer acciones de depósito estadounidenses en el mercado estadounidense. La compañía se enorgullece de ser el primer editor de casinos sociales y ha estado entre los 20 principales editores de juegos móviles que cobran en la Apple Store desde 2015.

Instacart

Sin duda, la pandemia ha modificado el comportamiento de los consumidores. Cuando los estadounidenses no piden la entrega de su restaurante de comida para llevar favorito a través de DoorDash, obtienen alimentos básicos entregados en sus tiendas de comestibles favoritas a través de Instacart. El CEO de Instacart, Apoorva Mehta, dijo en una entrevista con CNBC en mayo de 2019 que espera que la compañía se prepare para una OPI, pero aún no ha presentado ningún documento oficial ante la SEC con respecto a una medida. para hacerse público.

Palantir

La gran firma de análisis de datos Palantir, que anteriormente fue valorada por inversores privados en hasta 20.000 millones de dólares, se presentó como confidencial para su publicación el 6 de julio. Los servicios de Palantir son amplios y profundos. La CIA utilizó sus tecnologías para ayudar a localizar a Osama bin Laden en 2011, está ayudando a la Fuerza Espacial de EE. UU. A rastrear objetos extraterrestres y los Centros para el Control y la Prevención de Enfermedades también la están utilizando para controlar la propagación del coronavirus. La compañía ha ganado muchos más contratos gubernamentales multimillonarios.

Palantir dijo que espera que la OPI tenga lugar después de que la SEC complete su proceso de revisión.

Préstamos Quicken

Quicken Loans, que se anuncia como el mayor prestamista hipotecario del país, solicitó su OPI el 7 de julio, pero no proporcionó más detalles sobre la fecha de la OPI, el precio de las acciones o la cantidad de acciones ofrecidas. La compañía se hará pública bajo el nombre de Rocket Companies Inc., que incluye 12 de sus subsidiarias, incluidas Quicken Loans y Amrock Inc. En su presentación S-1, la compañía registró tres años consecutivos de ganancias e ingresos netos de $ 97.7 millones para el primer trimestre de 2020.

Robin Hood

Aunque las comisiones de negociación de acciones fueron canceladas en gran medida por los principales corredores en línea el año pasado, lo que puede haber diluido el atractivo de la aplicación de libre comercio Robinhood. Pero la aplicación continúa agregando usuarios en grandes cantidades, y el CEO Baiju Bhatt dijo que la compañía, con una valoración al norte de $ 7.5 mil millones, en realidad planea salir a bolsa. Sin embargo, Robinhood aún no ha presentado una línea de tiempo o almacenamiento público, y dada la serie de interrupciones recientes de aplicaciones durante los principales movimientos del mercado, no está claro cuándo la compañía puede hacer eso. (Lea la reseña de Robinhood de NerdWallet).

OPI recientes: ¿dónde están ahora?

Ha habido algunas OPI recientes que han tenido un desempeño sólido desde su debut. Otros, no tanto, y esta es la naturaleza misma de las OPI. Explore la calculadora a continuación para ver cómo le hubiera ido si hubiera invertido en las OPI de estas empresas.

Albertsons (ACI)

Albertsons salió a bolsa en la Bolsa de Valores de Nueva York el 26 de junio a un precio de oferta de $ 16 por acción, pero terminó su primer día de negociación con una baja de $ 15,45 por acción. Este debut mediocre se produjo después de que la compañía redujera su precio de oferta inicial en 18-20 dólares por acción.

CrowdStrike Holdings (CRWD)

CrowdStrike se está volviendo importante en el campo de la seguridad informática. Es la empresa que investigó la piratería de los servidores del Comité Nacional Demócrata en 2016, así como otras violaciones de alto perfil. Fiel a su nombre, la empresa utiliza sistemas de crowdsourcing (junto con inteligencia artificial y otros medios) para identificar amenazas y no se involucra con los responsables.

La compañía comenzó a cotizar el 12 de junio de 2019 a $ 34, y las acciones casi se duplicaron en algún momento durante el primer día de negociación, cerrando el 71% del precio de oferta.

Fiverr International Ltd. (FVRR)

Los servicios de Rideshare no fueron las únicas empresas de economía de conciertos que debutaron en 2019. El mercado en línea de Fiverr conecta a los solicitantes de empleo (o "compradores", en la jerga de Fiverr) con autónomos ("vendedores"). La firma con sede en Tel Aviv, con sede en Israel, afirma haber facilitado más de 50 millones de transacciones desde su inicio. El precio de la OPI de junio de 2019 de Fiverr se fijó en 21 dólares por acción; finalmente cerró el 90%, a 39,90 dólares.

Si bien algunos inversores pueden verse tentados a comparar Fiverr con Upwork (UPWK), que tiene ofertas similares y salió a bolsa en octubre de 2018, Fiverr ha superado a su rival posterior a la OPI. Mientras que las acciones de Upwork se desplomaron después de su máximo de febrero de 2019, las acciones de Fiverr se recuperaron rápidamente de la agitación del mercado en el primer trimestre.

Lyft (LYFT)

La compañía de Rideshare Lyft venció a su rival Uber en una OPI cuando ingresó al mercado público en marzo de 2019 a un precio de $ 72 por acción. Desde entonces, la recuperación ha sido en su mayor parte cuesta abajo, con las acciones de Lyft cotizando por debajo del precio de la OPI.

Peet's Coffee and Tea (JDEP)

A pesar de los mercados inestables, la empresa matriz de Peet's Coffee and Tea, JDE Peet's, se hizo pública el 29 de mayo de 2020 para recaudar 2.300 millones de euros (2.500 millones de dólares), lo que la convierte en la OPI más grande de la Unión Europea de 2020. 31,50 y cotizó ligeramente al alza en los días siguientes. Esta empresa cotiza en la bolsa de valores Euronext Amsterdam, por lo que la compra de estas acciones es un poco diferente a la compra de acciones de otras empresas de esta lista.

Pelotón (PTON)

La empresa de fitness Peloton salió a bolsa el 26 de septiembre de 2019 a un precio de 29 dólares. La startup tiene como objetivo hacer del trabajo en casa una "opción viable y emocionante", con bicicletas estáticas y cintas de correr equipadas con pantallas y cintas de correr que ofrecen una variedad de actividades en vivo y en directo. - Clases de fitness grupales bajo demanda.

Las bicicletas de Peloton comienzan en $ 2,245; las cintas de correr son casi el doble. Las suscripciones para acceder a las lecciones se compran por separado. Esta compañía ha recaudado casi $ 1 mil millones en fondos y actualmente está valorada en alrededor de $ 4 mil millones. El precio de las acciones de Peloton cayó durante la venta del coronavirus, pero inmediatamente después alcanzó nuevos máximos históricos.

Pinterest (PIN)

Pinterest, es la famosa aplicación para buscar y compartir imágenes. Fue lanzado en abril de 2019 y ha aprendido muy rápidamente lo que significa hacer negocios bajo el control de Wall Street. Los inversores publicaron el precio de las acciones en mayo, cuando la compañía publicó su primer informe de ganancias, que ilustra lo volátil que puede ser una OPI en sus inicios. PINS se recuperó a un nuevo récord en agosto de 2019, pero desde entonces ha luchado por recuperar el territorio perdido.

El RealReal (REAL)

En mayo de 2019, la plataforma de envío RealReal se presentó ante la SEC para su publicación. La compañía vende artículos de lujo usados (una selección seleccionada de ropa, accesorios, joyas, relojes, arte y otros artículos para el hogar) en consignación en línea y en un puñado de tiendas minoristas. Los productos son inspeccionados y autenticados por expertos de RealReal antes de ser puestos a la venta. La compañía procesó 1,6 millones de pedidos en 2018, con un valor promedio de $ 446. Al 31 de marzo de 2019, The RealReal ha pagado casi $ 988 millones en comisiones a los remitentes. RealReal tuvo un gran debut en junio de 2019, subiendo un 40% en un solo día desde su precio inicial de $ 20 a $ 28. Hasta ahora, sin embargo, en 2020, sus acciones han luchado por brillar y no han podido superar su precio inicial de $ 20.

Uber (UBER)

Con una valoración de 82.000 millones de dólares, la aplicación de viaje compartido de Uber fue una de las OPI de tecnología más grandes de la historia y una de las ofertas más esperadas de 2019. Pero después del estrepitoso debut en el mercado de su archirrival Lyft en marzo, Uber se hizo pública en mayo de 2019 en un precio más bajo de lo esperado de $ 45 y ha estado cotizando principalmente por debajo de ese precio desde entonces.

Vroom (VRM)

El mercado de automóviles usados en línea Vroom dio a conocer sus planes iniciales para el 18 de mayo con la esperanza de recaudar $ 100 millones. La presentación se produjo solo seis meses después de que la compañía recaudó $ 254 millones en diciembre de 2019, lo que llevó su valoración del estado de unicornio a $ 1.5 mil millones. Vroom valoró sus acciones en $ 22 y en su primer día de cotización las acciones se duplicaron con creces para cerrar en $ 47,90.

Warner Music Group (WMG)

Como tercer sello discográfico más grande del mundo, el depósito de Warner S-1 a principios de febrero de 2020 llamó la atención. Con el auge de los servicios de transmisión, las discográficas han recorrido un camino difícil en el siglo XXI, pero el aumento del 4% en los ingresos de Warner con respecto al año anterior para el primer trimestre fiscal de 2020 sugiere que Warner podría haber encontrado una base más sólida. Warner Music Group abrió al público el 3 de junio de 2020, a $ 27 por acción, por encima del precio de la OPI de $ 25. Las acciones subieron hasta $ 30,12 al cierre del día, un aumento del 11,6%.

Zoom (ZM)

Esta es una empresa de videoconferencia basada en la nube, no recibió la misma atención que las otras OPI de tecnología de la famosa Clase 2019 cuando salió a bolsa en abril de ese año, a pesar de que era una de las pocas empresas rentables en la lista. Pero ahora los inversores están respondiendo a las llamadas de Zoom: las acciones subieron un 80% en su primer día de cotización y se están beneficiando del cambio al trabajo remoto en 2020. La tecnología de videoconferencia de Zoom facilita que las empresas mantengan operaciones con empleados remotos, una codiciada capacidad durante el apogeo de la epidemia de coronavirus.

ZoomInfo (ZI)

ZoomInfo, que no debe confundirse con la empresa de software de videoconferencia Zoom (ZM), continuó su OPI el 4 de junio de 2020, a pesar de la incertidumbre del mercado. La compañía, que ofrece información sobre el mercado a sus equipos de ventas y marketing, inicialmente fijó un precio de sus acciones entre $ 16 y $ 18, pero finalmente aumentó este precio varias veces en los días previos a su primer día de negociación, situándose en $ 21 dólares. La acción abrió a $ 40, casi el doble del precio de oferta.

Cómo comprar acciones

Muchos inversores compran acciones en línea a través de un corredor de descuento. También es posible comprar acciones a través de un corredor de servicio completo, y algunas empresas permiten a los inversores comprar acciones directamente.

La compra de acciones, especialmente la primera vez que es propietario de un negocio de buena fe, es un hito financiero importante. Pero no porque el proceso sea difícil. Más bien, comprar acciones es bastante simple: la mayoría de los inversores compran acciones u otras inversiones en línea, a través de una cuenta de corretaje de descuento.

Decidir dónde comprar las acciones

Algunos inversores optan por trabajar con un corredor de bolsa de servicio completo o comprar acciones directamente de una empresa pública, pero la forma más fácil de comprar acciones es en línea, a través de una cuenta de inversión con un corredor de bolsa en línea. Una vez que la cuenta está financiada, puede comprar acciones directamente en el sitio web del corredor en línea en minutos.

Abrir una cuenta de corretaje en línea es tan fácil como abrir una cuenta bancaria: completa la solicitud de apertura de cuenta, ingresa un comprobante de identificación y elige cómo deseas depositar fondos en la cuenta: enviando un cheque o transfiriendo fondos electrónicamente.

Selecciona las acciones que deseas comprar

Una vez que hayas creado y financiado tu cuenta de corretaje, es hora de sumergirse en el negocio de la producción de acciones. Un buen lugar para comenzar es buscar empresas que ya conozca en función de su experiencia como consumidor.

No te sientas abrumado por la avalancha de datos y los paseos del mercado en tiempo real mientras realiza tu investigación.

Mantén el objetivo simple: estás buscando empresas que desee poseer.

Warren Buffett dijo: "Usted compra una empresa porque quiere ser dueño de ella, no porque quiera que las acciones suban". Lo hizo lo suficientemente bien como para seguir esta regla.

Comienza con el informe anual de la empresa, específicamente la carta anual de la dirección a los accionistas. La carta le dará una descripción general de lo que está sucediendo con la empresa y proporcionará un contexto para los números de relación.

Después de eso, la mayoría de las herramientas de información y análisis que necesita para evaluar el negocio estarán disponibles en el sitio web de su corredor, como presentaciones ante la SEC, transcripciones de conferencias telefónicas, actualizaciones trimestrales de ganancias y noticias recientes. La mayoría de los corredores en línea también brindan tutoriales sobre cómo usar sus herramientas, así como seminarios básicos sobre cómo elegir acciones.

Decide cuántas acciones comprar

No debe sentir absolutamente ninguna presión para comprar una determinada cantidad de acciones o para llenar toda su cartera con una acción a la vez. Considera comenzar con algo pequeño, realmente pequeño, comprando solo una acción para tener una idea de lo que significa poseer acciones individuales y si tienes la fuerza para atravesar momentos difíciles con la más mínima pérdida de sueño.

Los nuevos inversores en acciones también pueden querer considerar acciones divididas, una oferta relativamente nueva de corredores en línea que te permite comprar una parte de una acción en lugar de toda la acción. Esto significa que puedes ingresar a acciones costosas, compañías como Google y Amazon que son conocidas por sus precios de cuatro dígitos, por una inversión mucho menor. SoFi Active Investing, Robinhood y Charles Schwab le brindan la oportunidad de comprar acciones divididas.

Elija el tipo de pedido de stock

No tengas miedo de todos esos números y todas esas combinaciones de palabras a menudo incomprensibles en la página de pedidos en línea de su corredor. Consulta estas hojas de trucos básicos para el comercio de acciones:

Para compradores: el precio que los vendedores están dispuestos a aceptar por las acciones.

Oferta

Para los vendedores: el precio que los compradores están dispuestos a pagar por las acciones.

Propagar

Es la diferencia entre el precio de oferta más alto y el precio de oferta más bajo.

Orden de mercado

Una solicitud para comprar o vender una acción lo antes posible al mejor precio disponible.

Orden al límite

Cuando decides comprar o vender una acción solo a un precio específico o superior.

Stop order (o stop-loss)

Una vez que una acción alcanza un cierto precio, el "precio de parada" o "nivel de parada", se ejecuta una orden de mercado y toda la orden se ejecuta al precio vigente.

Orden stop-limit

Cuando se alcanza el precio de parada, la operación se convierte en una orden de límite y se completa hasta el punto en que se pueden cumplir los límites de precio especificados.

Órdenes de mercado

Con una orden de mercado, estás indicando que comprarás o venderás las acciones al mejor precio de mercado actual disponible. Dado que una orden de mercado no coloca ningún parámetro de precio en la operación, su orden se completará de inmediato y se ejecutará por completo, a menos que esté buscando comprar un millón de acciones e intentar un golpe.

No te sorprendas si el precio que pagas, o recibes, si estás vendiendo, no es el precio exacto que se cotizó unos segundos antes. Los precios de compra y venta fluctúan constantemente a lo largo del día. Esta es la razón por la que es mejor colocar una orden de mercado al comprar acciones que no experimentan grandes fluctuaciones de precios: acciones de primera clase grandes y consistentes en comparación con empresas más pequeñas y volátiles.

Una orden de mercado es mejor para los inversores que compran y mantienen, para quienes las pequeñas diferencias de precio son menos importantes que garantizar la ejecución total de la operación.

Si colocas una orden de mercado "después de la hora de cierre", cuando los mercados están cerrados durante el día, la orden se colocará al precio vigente cuando las bolsas estén abiertas para la próxima apertura.

Consulta el descargo de responsabilidad de tu corredor para la ejecución de operaciones. Hay ciertos corredores generalmente de bajo costo, que agrupa todas las solicitudes de negociación de los clientes para la ejecución de todas las operaciones al precio vigente, al final del día de negociación o en un momento o día específico de la semana.

Órdenes limitadas

Si colocas una orden limitada, tendrás más control sobre el precio al que se ejecuta tu operación. Si las acciones de XYZ se negocian a $ 100 por acción y crees que un precio de $ 95 por acción está más en línea con el valor de la empresa, la orden de límite le da al corredor la entrada para mantener y ejecutar la orden solo cuando el precio solicitado cae a ese nivel. En el lado de la venta, la orden de límite le dice al corredor que se separe de las acciones una vez que la oferta suba al nivel establecido.

Las órdenes limitadas son una buena herramienta para los inversores que compran y venden acciones de empresas más pequeñas, que tienden a experimentar márgenes más amplios, según la actividad del inversor. También son buenos para invertir durante períodos de volatilidad bursátil a corto plazo o cuando el precio de las acciones es más importante que la ejecución de órdenes.

Hay condiciones adicionales que se pueden colocar en una orden limitada para controlar cuánto tiempo permanecerá abierta la orden. Una orden de "todo o nada" (AON) solo se ejecutará cuando todas las acciones que desea negociar estén disponibles a su límite de precio. Una orden válida por día (GFD) vencerá al final del día de negociación, incluso si la orden no se ha ejecutado por completo. Una orden "válida hasta cancelada" (GTC) permanece en juego hasta que el cliente desconecta el enchufe o la orden caduca; esto significa de 60 a 120 días o más.

Si bien una orden limitada garantiza el precio que obtendrá si se ejecuta la orden, no hay garantía de que la orden se ejecute en su totalidad, en parte o en absoluto. Estas órdenes limitadas generalmente se colocan de acuerdo con la lógica de "primero en llegar, primero en ser servido" y solo después de que se hayan ejecutado las órdenes de mercado, y solo si la acción permanece dentro de los parámetros establecidos el tiempo suficiente para que el corredor ejecute la operación.

Este tipo de órdenes pueden costar a los inversores un poco más de comisión que las órdenes de mercado. Una orden de límite que no se puede completar en su totalidad de una vez o durante un solo día de negociación puede continuar ejecutándose en los días siguientes, con tarifas de transacción cobradas cada día de ejecución de la operación. Si el valor nunca alcanza el nivel de orden límite cuando expira, la operación fallará.

Optimiza tu cartera de acciones

Esperamos que tu primera compra de acciones marque el comienzo de un viaje de inversión exitoso para toda la vida. Pero si las cosas se ponen difíciles, recuerda que todos los inversores, incluso Warren Buffett, pasan por momentos difíciles. La clave para avanzar a largo plazo es mantener la perspectiva y concentrarse en las cosas que puede controlar. La dinámica del mercado no se encuentra entre ellos. Lo que puedes hacer es:

Cuidado con las comisiones de intermediación. Estos pueden erosionar significativamente sus ganancias.

También considera invertir en fondos mutuos, que te permiten comprar muchas acciones en una transacción.

Es importante tener en cuenta que el precio de una acción no le dice todo lo que necesita saber sobre una empresa en la que está considerando invertir. El precio refleja qué tan dispuestos están los inversores a comprar o vender las acciones, no el valor intrínseco de la empresa ni la dirección en la que se dirige el precio de las acciones de la empresa. El hecho de que un título sea barato no significa que sea una buena compra.

Dicho esto, hay formas de encontrar acciones que pueden estar infravaloradas. Esta estrategia ayuda a los inversores a identificar empresas probadas con precios de acciones que pueden ser más bajos que el valor de sus acciones debido a factores externos, como una caída del mercado de valores en general.

Recuerda que nunca sabrás si es el momento exacto para comprar acciones. Sin embargo, si deseas invertir a largo plazo, digamos, más de cinco años, entonces el momento de comprar acciones es tan pronto como tengas el dinero. Incluso si el mercado cae inmediatamente después de la inversión, tendrás mucho tiempo para recuperar tus pérdidas. Y la única forma de garantizar que eres parte de cualquier recuperación y expansión del mercado de valores desde el principio es invertir antes de que comience la recuperación.

También es importante evaluar cuánto dinero necesito para comprar acciones.

Si abres una cuenta de corretaje sin una cuenta mínima y sin tarifas de transacción, puedes comenzar a invertir con solo lo suficiente para comprar una sola acción. Dependiendo de la compañía, podría costar tan solo $ 10 (aunque recuerda que las acciones de bajo costo no necesariamente son buenas compras).

Algunas firmas de corretaje también le permiten comprar acciones divididas, lo que significa que si solo tiene $ 100 para invertir, también podría comprar una parte de una acción como Google, que se ha negociado durante mucho tiempo por más de $ 1,000 por acción. Por supuesto, cuanto más inviertas, mayor será el potencial de rentabilidad a largo plazo. Utiliza nuestra calculadora de inversiones para ver cómo funcionan los rendimientos compuestos.

Dependiendo de la cantidad que desees invertir, decidirás cuántas acciones comprará. Si el precio de las acciones es de $ 50 y tiene $ 500 que estás dispuesto a invertir, podrías comprar 10 acciones. Sin embargo, si tu corredor no permite el comercio fraccional y los números no son tan claros, deberá redondearlos hacia abajo. Si el precio de las acciones es de $ 51 y tiene $ 500 para invertir, solo podrá comprar nueve acciones, ya que 10 acciones costarían $ 510.

Si estás comprando acciones, debes sentirse cómodo sin tocar tu dinero durante al menos cinco años. Esto se debe a la volatilidad del mercado de valores: es posible que el valor de sus acciones baje antes de subir. Es posible que desees considerar vender tus acciones si necesita efectivo y su valor ha aumentado, pero al hacerlo, puede pagar el impuesto sobre las ganancias de capital sobre la venta y perder ganancias futuras con el tiempo.

Quizás lo más importante es considerar cuándo no vender las acciones. Cuando el mercado está a la baja, puede sentirse tentado a vender para evitar pérdidas adicionales. Esto es ampliamente reconocido como una mala estrategia, ya que una vez vendida, las pérdidas incurridas se detendrán. Una mejor estrategia es aprovechar la volatilidad y apuntar a ganancias a largo plazo sabiendo que el mercado se recuperará con el tiempo.

Hay opciones para comprar acciones directamente de compañías en línea sin un corredor. Las empresas que ofrecen un plan de acciones directo le permiten comprar acciones directamente de la empresa por una tarifa baja o nula. Estos programas también pueden tener el beneficio de invertir en montos en dólares en lugar de acciones y, a menudo, permiten a los inversores realizar inversiones recurrentes de forma regular.

Otra opción sobre acciones de dividendos es un plan de reinversión de dividendos. Estos planes permiten a los inversores reinvertir automáticamente los dividendos en las acciones en lugar de tomar los dividendos como ingresos.

Cómo vender acciones

El proceso de venta de una acción es muy similar a la compra de una acción: elegir el tipo correcto de pedido es fundamental.

Se hace mucho por la compra de acciones; los inversores tienden a pensar mucho menos en cómo venderlos.

Esto es un error, porque la venta ocurre cuando ganas dinero. Obtener el resultado correcto puede ser fundamental para reclamar sus ganancias o, en algunos casos, para reducir sus pérdidas.

Tres pasos para vender las acciones

<u>Controla tus emociones</u>

Hay buenas razones para vender acciones y malas razones.

El desempeño deficiente continuo frente a la competencia, el liderazgo irresponsable y las decisiones administrativas sin apoyo pueden hacer la lista de buenas razones. Quizás hayas decidido que tu dinero funcionaría mejor en otra parte, o estás sufriendo pérdidas para compensar las ganancias por las que debes impuestos sobre la renta.

Las malas razones generalmente implican una reacción impulsiva a las fluctuaciones del mercado a corto plazo o noticias únicas de la empresa. Ahorrar cuando las cosas se ponen difíciles solo bloquea sus pérdidas, que es lo contrario de lo que desea. Es un dicho famoso: compre barato y venda caro. Antes de vender una acción, revisa tu razonamiento para asegurarte de no sucumbir a una respuesta emocional de la que luego te arrepientas.

Decidir el tipo de pedido

Si estás familiarizado con la compra de acciones, estás familiarizado con la venta; las opciones para los tipos de órdenes son las mismas. Sin embargo, el objetivo es diferente: los tipos de órdenes se utilizan para limitar el costo de compra de acciones. Cuando se trata de vender, su principal objetivo es limitar las pérdidas y maximizar los retornos.

Orden de mercado

Una solicitud para comprar o vender una acción lo antes posible al mejor precio disponible.

Quieres descargar acciones a cualquier precio.

Orden limitada

Se ingresa cuando tenemos una solicitud para comprar o vender una acción solo a un precio específico o superior.

Está bien mantener las acciones si no puede vender al precio que desea o por encima de él.

Stop order (o stop-loss)

Una orden de mercado que solo se ejecuta si la acción alcanza el precio que estableciste.

Quiere vender si una acción cae a cierto precio o por debajo de cierto precio.

Orden stop-limit

Una combinación de una orden de parada y una orden de límite: una orden de límite se ejecuta si su valor cae al precio de parada, pero solo si puede vender al precio límite o por encima de él.

Se ejecuta una venta si una acción cae a un precio determinado, pero solo si puede vender por una cantidad mínima. Veamos algunos ejemplos. Digamos que tienes una acción con un precio de mercado actual de $ 50.

Orden de mercado

La orden se ejecutará en segundos al precio de mercado. Puedes venderlo por $ 50, un poco más o un poco menos; los precios de las acciones pueden fluctuar durante el tiempo que se ejecuta la orden.

El riesgo: tus acciones se pueden vender a cualquier precio, sin restricciones.

Orden limitada

Se establece un precio límite y la orden solo se ejecutará si la acción cotiza a un precio igual o superior a ese precio. Si su orden de límite es de $ 51, la orden solo se completará si las acciones cotizan a un precio de $ 51 o más.

El riesgo: Puede terminar sin vender si las acciones nunca llegan a su precio límite.

Orden de stop loss

Establezca un precio de parada y su orden solo se ejecutará si sus acciones comienzan a cotizar a ese precio o por debajo de él. Si su precio de parada es de $ 48, su orden se ejecutará como una orden de mercado si el precio de las acciones cae a $ 48 o menos.

El riesgo podría ser vender por debajo de su precio de parada, no hay ningún plan. Además, una caída temporal en el precio podría desencadenar una venta cuando no lo desee.

Orden stop-limit

Se establecen tanto un precio stop como un precio límite. Si su precio límite es $ 49 y su precio límite es $ 47, su orden se ejecutará como una orden límite a $ 47 o más si el precio de oferta de la acción cae a $ 49.

El riesgo aquí podría ser que tenga un plan, pero si la acción cae por debajo de él demasiado rápido, lo que puede suceder en un mercado volátil, es posible que no venda en absoluto.

<u>Completa el ticket de negociación</u>

Suponiendo que estás vendiendo a través de un corredor, el sitio web del corredor o la plataforma de negociación del corredor tendrá un ticket comercial o una orden que deberá completar para iniciar la venta. En la mayoría de las situaciones y en la mayoría de los corredores, la operación se resolverá, lo que significa que el efectivo de la venta llegará a tu cuenta, dos días hábiles después de la fecha de ejecución de la orden.

Llenar el ticket de compra es un proceso rápido: seleccionará la venta, ingresará el símbolo de la acción, el número de acciones, el tipo de orden (y el límite o precio de parada, si corresponde) y lo que se llama el "tiempo de vigencia" o el vencimiento del pedido: esencialmente, cuánto tiempo debe permanecer abierto el pedido.

Tus opciones de "tiempo en vigor" dependen del tipo de orden, pero las opciones comunes son:

Día: La operación se cancelará y la orden vencerá si no se ejecuta antes del cierre del mercado. Suele ser el predeterminado.

Good-Til-Cancelled: la operación permanece activa hasta que se ejecuta o cancela, aunque los corredores generalmente limitan el tiempo que los inversores pueden dejar abierta una orden GTC.

Inmediato o cancelado: una orden que debe ejecutarse inmediatamente; de lo contrario, se cancelará la orden o cualquier parte de ella que no se ejecute.

Llenar o matar es típico cuando se negocia una gran cantidad de acciones. Si toda la orden no se ejecuta de inmediato, la operación se cancelará.

Abierto: Se llena al precio de apertura del mercado.

Cierre: Se llena al precio de cierre del mercado.

En la mayoría de los casos, está bien dejar aquí la selección de días predeterminada. A medida que se sienta más cómodo con el comercio de acciones, puede comenzar a explorar sus opciones.

Y luego, finalmente, una vez que haya completado todos los campos, haga otra lectura de todo el boleto antes de ingresar;

no desea vender Apple accidentalmente cuando tiene la intención de vender Applebee's.

Cuándo vender una acción

La capacidad de ganar dinero con acciones implica dos decisiones clave: comprar en el momento adecuado y vender en el momento adecuado. Para obtener ganancias, debe tomar ambas decisiones correctamente. El rendimiento de cualquier inversión se determina principalmente por el precio de compra.

Puedes argumentar que se obtiene una ganancia o pérdida en el momento de la compra, pero el comprador no lo sabe hasta que se vende. Sin embargo, si bien comprar al precio correcto puede determinar en última instancia el beneficio obtenido, vender al precio correcto garantiza el beneficio. Vender también es importante, si no vendes en el momento adecuado, los beneficios de comprar en el momento adecuado desaparecen.

Es bien sabido que a muchos inversores les resulta difícil vender una acción, la razón suele ser inherente a la tendencia humana innata a la codicia. Sin embargo, las estrategias que se pueden utilizar para identificar cuándo es (y cuándo no) un buen momento para vender son diferentes. Lo más importante de estas estrategias es que intentan eliminar algunas de las emociones humanas del proceso de toma de decisiones. Cuando se trata de invertir, decidir cuándo comprar una acción a veces puede ser más fácil que saber cuándo es el momento adecuado para vender una acción.

En términos generales, hay tres razones principales para que un inversionista a largo plazo venda: la compra fue un error, el precio subió drásticamente o el precio actual ya no está respaldado por los fundamentos.

La emoción y la psicología humana a veces pueden interponerse en el camino de una decisión inteligente, así que mantente en sintonía con los datos (y no con tus sentimientos).

Podemos dar tres buenas razones para vender una acción.

- Primero, la compra de acciones fue un error.
- En segundo lugar, el precio de las acciones ha subido drásticamente.
- Finalmente, la acción alcanzó un precio tonto e insostenible.

En realidad, puede haber otras razones, pero no tan acertadas.

Vender acciones es difícil

Aquí hay un escenario muy común: compra acciones de $ 45 con la intención de venderlas si llegan a $ 50. La acción alcanza los $ 50 y se decide esperar un par de ganancias más. La acción alcanza los 52 dólares y la codicia supera la racionalidad. De repente, el precio de las acciones vuelve a bajar a 49 dólares. Te dices a ti mismo que esperes a que vuelva a alcanzar los 50 dólares. Esto nunca sucede. Eventualmente sucumbirá a la frustración y venderá con pérdidas cuando llegue a $ 43.

En este escenario, se podría decir que la codicia y la emoción han superado el juicio racional. La pérdida fue de $ 2 por acción, pero en realidad se podría haber obtenido una ganancia de $ 7 cuando la acción alcanzó su punto máximo.

Es mejor ignorar estas pérdidas que agonizar, pero el problema real es la razón del inversionista para vender o no vender. Para eliminar la naturaleza humana de la ecuación en el futuro, considera usar una orden limitada, que venderá automáticamente las acciones cuando alcance su precio objetivo. Ni siquiera tienes que ver subir y bajar las acciones. Se te notificará cuando se realice la orden de venta.

Vende las acciones cuando la compra fue un error.

Probablemente hayas investigado esta acción antes de comprarla. Entonces puedes concluir fácilmente que has cometido un error analítico y darte cuenta de que el activo no es una inversión adecuada. Deberías vender esas acciones, incluso si eso significa perder.

La clave para una inversión exitosa es confiar en sus datos y análisis en lugar de los cambios de humor emocionales de Mr Market. Pero, si ese análisis ha sido defectuoso por alguna razón, vende las acciones y sigue adelante.

El precio de la acción puede subir después de la venta, lo que te hará dudar de sí mismo. También es posible que una pérdida del 10% en esa inversión pueda convertirse en el movimiento de inversión más inteligente que haya realizado.

Por supuesto, no todos los errores analíticos son iguales. Si una empresa no cumple con los pronósticos de ganancias a corto plazo y el precio de las acciones cae, no exageres y vende de inmediato (asumiendo que la fortaleza de la empresa permanece intacta). Pero si se ve que la empresa pierde participación de mercado frente a los competidores, podría ser una señal de una debilidad real a largo plazo para la empresa.

Vender acciones cuando el precio sube drásticamente

Es muy probable que una acción recién adquirida pueda aumentar drásticamente en un corto período de tiempo. Muchos de los mejores inversores son los más humildes. No tomes el rápido aumento como un reclamo de ser más inteligente que el mercado en su conjunto, pero te conviene proceder con la venta de las acciones.

Una acción barata puede convertirse rápidamente en una acción cara por varias razones, incluida la especulación de otros. Toma tus ganancias y sigue adelante. Si, por otro lado, esa acción cae significativamente, considera comprar nuevamente. Si las acciones continúan subiendo, consuélate con el viejo refrán: "Nadie se declara en quiebra reservando una ganancia".

Si posees una acción que ha caído, considera vender con el llamado rebote de gato muerto. Estos rebotes son temporales y generalmente se basan en noticias inesperadas.

Venta de acciones para valoración

Es una decisión difícil: en parte arte y en parte ciencia. El valor de cada acción se basa en última instancia en el valor presente de los flujos de efectivo futuros de la empresa. La evaluación siempre implicará algún grado de inexactitud porque el futuro es incierto. Por esta razón, los inversores de valor dependen en gran medida del concepto de margen de seguridad de la inversión.

Una buena regla general es considerar vender si la valoración de la empresa se vuelve significativamente más alta que la de sus competidores. Como suele suceder, esta es una regla con muchas excepciones. Por ejemplo, suponga que Procter & Gamble (PG) cotiza 15 veces las ganancias, mientras que Kimberly-Clark (KMB) cotiza 13 veces las ganancias. Esta no es una buena razón para vender Proctor & Gamble, considerando la importante participación de mercado de muchos de sus productos.

Otra herramienta de ventas más razonable es vender cuando la relación P / U de una empresa excede significativamente su relación P / U promedio durante los últimos cinco a diez años. Por ejemplo, en el apogeo del boom de Internet a fines de la década de 1990, cuando Walmart abrió su primer sitio de comercio electrónico, las acciones de Walmart tenían una relación P / E de 60 veces sus ganancias. A pesar de la innegable calidad de Walmart, todos los propietarios de estas acciones deberían haber considerado vender, y los compradores potenciales deberían haber considerado buscar en otra parte.

Cuando los ingresos de una empresa disminuyen, suele ser un signo de menor demanda. Primero, mira las cifras de ingresos anuales para ver el panorama general, pero no te bases solo en estas cifras. También es una buena idea mirar los números trimestrales. Las cifras de facturación anual de una gran empresa de petróleo y gas podrían ser asombrosas cada año, pero ¿qué pasa si los precios de la energía han caído en los últimos meses?

Cuando vemos a una empresa recortando costos en el mercado, a menudo significa que la empresa no está prosperando. El indicador más importante es la reducción de personal. La buena noticia para ti es que la reducción de costos puede verse como algo bueno, al menos al principio. Esto a menudo puede conducir a un aumento en el inventario. Esto no debe verse como una oportunidad para comprar más acciones, sino más bien como una oportunidad para salir de la posición antes de cualquier posterior caída de valor.

Venta de acciones para necesidades financieras

Puede que esto no cuente como una buena razón para vender acciones, pero sigue siendo una razón. Las acciones son buenas y hay momentos en que la gente necesita retirar sus activos.

Ya sea que se trate de capital inicial para un nuevo negocio, pagar la universidad o comprar una casa, esta decisión depende de la situación financiera de una persona más que de los fundamentos del título.

La línea de fondo

Cualquier venta que dé como resultado una ganancia es una buena venta, especialmente si el razonamiento detrás de ella es válido. Cuando una venta resulta en una pérdida con un entendimiento de por qué ocurrió esa pérdida, también se puede considerar una buena venta. Vender es una mala decisión solo cuando está impulsado por la emoción en lugar de los datos y el análisis.

Seguimiento de sus operaciones

Diario comercial

No conocemos a un solo operador exitoso que no lleve un diario de operaciones.

¡Hay una razón por la que las empresas exitosas mantienen registros detallados! ¡Es habitual utilizar los datos para analizar y optimizar sus operaciones!

El comercio no es diferente. Lo más importante que puedes hacer para reducir tu curva de aprendizaje es tratarla como una empresa y llevar un diario de operaciones detallado.

Profundizar en tus emociones antes, durante y después de las operaciones comerciales le permitirá descubrir sus fortalezas y debilidades. Esto te ayudará a optimizar tu estrategia e identificar áreas en las que trabajar para mejorar.

Diario comercial

Al rastrear el diario, puedes dominarlo. La mayoría de los traders se apegan a las métricas básicas al crear un diario comercial. Estos pueden incluir entrada, salida, tamaño de la posición, así como ganancias y pérdidas netas. Si bien este es un buen comienzo, queremos ir más allá del P / L de su estado de cuenta de corredor. También queremos realizar un seguimiento de los factores que pueden afectar el rendimiento comercial, como las emociones, el sentimiento y el análisis del mercado, así como las calificaciones y descalificaciones comerciales.

<u>Qué rastrear.</u>

Dado que somos comerciantes diarios, es normal llevar un diario de negociación para cada sesión, ya sea de negociación o no. Los comerciantes de swing se beneficiarán del seguimiento de cada operación antes, durante y después de la ejecución.

Las métricas relevantes que nos gusta usar para nuestro diario comercial son las siguientes:

- Activos negociados
- Tamaño del puesto utilizado
- Si fuimos largos o cortos y por qué
- Estrategia utilizada para la ejecución de operaciones comerciales
- Hora y fecha comercial
- Precio de la entrada
- Precio de salida
- Resultado final P / L
- Pantallas de profesiones
- Notas sobre las razones por las que hemos aceptado / descalificado las operaciones
- Sesión y / o clasificación comercial

<u>Cómo revisar y optimizar tu cliente potencial</u>

Si mantienes la disciplina y actualizas constantemente tu diario de operaciones, entonces deberías tener un buen conjunto de datos para revisar. ¡Esto es lo que debes buscar para maximizar tu ventaja y mejorar tus resultados comerciales!

- Identifica patrones que puedan conducir a perdedores y encuentra formas de minimizarlos / mitigarlos.

- Identifica los patrones que conducen a los ganadores y encuentra formas de maximizar tus ganancias.

El comercio de pérdidas es una parte integral de este negocio, sin embargo, ¡no todas las pérdidas son iguales! Por cada pérdida que sufras, debes asegurarte de que fue un ajuste válido en primer lugar.

Pregúntate cómo puedes minimizar tus pérdidas. Si descubres que tienes tendencia a hacer lo peor en una fecha determinada de la semana, es posible que desees considerar no operar en el futuro. ¿Qué pasa si descubres que vas en la dirección correcta, pero las negociaciones te detienen antes de que el movimiento real ocurra con demasiada frecuencia? Quizás estés ingresando demasiado pronto y puedas agregar un filtro para reducir las pérdidas.

Tus operaciones ganadoras son tan importantes para tu desarrollo como las perdedoras. A veces nos recompensan por romper nuestras reglas, por lo que querrás revisar cada operación ganadora para asegurarte de que haya sido una buena publicidad en primer lugar. Si la ganancia fue el resultado de un error o una violación de las reglas, toma nota. Deberás buscar patrones que te lleven a tus operaciones ganadoras. ¿Te das cuenta de que hay un determinado entorno en el que debes centrarte? ¿Hay días en los que parece obtener los mejores resultados? ¿Hay momentos del día en los que el trading es mejor? Estas son todas las cosas que deben anotarse y revisarse una y otra vez.

Después de examinar bien a tus ganadores, pregúntate cómo puedes maximizar tus ganancias en comparación con tus ganadores. Ya sea para escalar una parte de la posición para asegurar las ganancias y dejar que el resto avance o para usar una forma más efectiva de rastrear manualmente sus paradas, esto debería ser un punto focal durante su revisión.

Si puedes hacer estas cosas con éxito, estarás en camino de convertirse en el mejor operador posible.

Herramientas gratuitas

Evernote

Con una versión gratuita y de pago, esta es nuestra herramienta favorita para llevar nuestro diario de operaciones. La versión gratuita permite un límite de carga mensual de 60 MB y debería ser suficiente para la mayoría de los nuevos operadores. Puede tomar capturas de pantalla directamente en sus notas, anotar imágenes, crear cuadernos y etiquetar notas, lo que facilita el mantenimiento de un diario detallado.

Documentos de Google

Gracias a una dirección de Gmail, puede obtener otra herramienta gratuita. Una gran alternativa a Evernote que se puede utilizar para escribir pensamientos y análisis de mercado.

Herramienta de recorte de Windows / Herramienta de captura de pantalla de Mac

Si tu plataforma de operaciones no ofrece la posibilidad de copiar gráficos directamente desde la plataforma, esta es una excelente opción para tomar capturas de pantalla de tus gráficos en tu diario de operaciones.

Microsoft Paint

Otra herramienta de edición de imágenes gratuita de Microsoft que puedes utilizar para editar y anotar tus gráficos según tus necesidades.

El proceso completo

A estas alturas, debería haber entendido la importancia de llevar un diario de operaciones, así como las métricas a rastrear y cómo revisar y optimizar tu desempeño en el futuro.

Entre el 5% de los traders que son constantemente rentables y el 95% que pierden dinero, a menudo es decisivo tener o no un diario de operaciones.

Llevar un diario de su actividad comercial te ayudará a revisar tus resultados, eliminar cualquier debilidad y resaltar tus fortalezas, ¡todo para ayudarte a optimizar tu estrategia, aumentar el rendimiento y maximizar las ganancias!

Si aún no tienes uno, asegúrate de comenzar a llevar un diario de operaciones lo antes posible y ve los beneficios que puede proporcionar para tus operaciones.

Errores que debes evitar como principiante

Cuando somos nuevos en el mundo de la inversión, la idea de altos rendimientos y carteras más gruesas nos desconcierta tanto que la multiplicación del dinero nos deslumbra.

Antes de aventurarte en cualquier producto de inversión, la parte más importante es saber en qué te estás metiendo. Será importante sopesar cuidadosamente los pros y los contras y ver si se alinea con tus objetivos de inversión y no perseguir los retornos. Invertir en bolsas de valores o fondos de capital no es diferente.

El mercado de valores tiene el potencial de obtener altos rendimientos, a veces rendimientos a largo plazo de dos dígitos, y puede convertirse en un gran camino, siempre que evite algunos errores comunes.

<u>Invierte con una mentalidad de comerciante.</u>

No hay almuerzos gratis y definitivamente no hay nadie en la bolsa que invierta. Si estás buscando obtener ganancias rápidas, entonces no estás en el lugar correcto. En este caso, la diferencia entre un comerciante y un inversor se vuelve esencial. Mientras que un comerciante se dedica a comprar ventas, un inversionista se enfoca en comprar y mantener.

Esta diferencia clave entre ser un comerciante y un inversor es que un inversor debe mantener una perspectiva a largo plazo. Las expectativas de ganancias rápidas pueden no ser correctas y es importante distinguir entre especulación e inversión.

La volatilidad y los movimientos cíclicos pueden asustarlo si es un inversor nuevo. Digamos que ingresaste a los mercados el año pasado cuando los índices de referencia de Sensex y Nifty aumentaron en un cierto porcentaje, la situación actual hará sonar la alarma.

Ambos índices han caído al menos un 25% o más desde principios de 2020. Puedes pensar que necesitas canjear tus inversiones porque estás perdiendo dinero, pero esto podría ser un juicio erróneo de la situación. Tu dinero debe invertirse durante al menos 7-10 años para que tu dinero muestre rendimientos.

Los mercados siempre tendrán su parte de altibajos y son parte de tu naturaleza cíclica. Tu dinero debe permanecer invertido durante un largo período de tiempo. Los pagos anticipados son uno de los errores de inversión más importantes que se deben evitar.

Hasta que una empresa no crezca, el precio de las acciones no subirá y debes darle tiempo a la empresa y a sus acciones para crecer. ¿Qué pasaría si en realidad cedes a Tus miedos irracionales? Tu cartera caerá, se venderá y saldrá rápidamente sin darle a sus inversiones el tiempo suficiente para madurar y perder la oportunidad de crear riqueza.

Persiguiendo retornos

Perseguir rendimientos al elegir una acción es uno de los errores de inversión más comunes. Recuerda siempre que los movimientos de las acciones son cíclicos. Siguen su camino de altibajos.

Si inviertes en acciones o en un fondo de acciones porque ofrece altos rendimientos durante un cierto período de tiempo, no siempre es seguro que estés haciendo la inversión correcta. Podría ser una corrida de toros momentánea. Es necesario hacer un estudio exhaustivo de la empresa, tus objetivos de crecimiento, modelo de negocio, gestión y otros factores similares.

Muchas veces, una empresa que falla en uno o más de estos factores también puede ver altas valoraciones en sus acciones. Buscar beneficios equivale a invertir a ciegas.

Obtener una inversión emocional en una empresa.

El problema surge cuando inviertes emocionalmente en la empresa e ignoras las evidentes señales de alerta. Si bien "compre lo correcto, tenga la seguridad" es cierto, mantén tu ingenio cuando veas que los fundamentos de la empresa están comprometidos.

¿Cómo sabemos si los fundamentos están cambiando? Un par de señales de alerta a tener en cuenta son: si hay un bajo rendimiento sostenido trimestre a trimestre, si los activos no rentables (para bancos y otras instituciones financieras) están subiendo o si hay una salida repentina o abrupta de senior gestión, etc.

Si no puedes hacerlo tú mismo, consulta a un consejero profesional y toma una decisión. Observa los factores organizativos de una empresa y no persigas devoluciones.

Compra basada en recomendaciones

La mayoría de las veces acudimos a nuestros amigos y personas bien intencionadas para que nos aconsejen sobre asuntos importantes de la vida y las finanzas no es diferente. Sin embargo, cuando se trata de invertir en acciones, confiar en los consejos de sus amigos y simplemente comprar las acciones que compran no es la mejor manera.

Esto no funciona porque tu perfil de riesgo y tus objetivos financieros pueden ser muy diferentes a los de la otra persona, y lo que funcionó para él puede no funcionar para ti. Así que sumérgete en toda la información, pero realiza tu propia diligencia debida sobre la empresa y convéncete. Solo cuando sientas que tus objetivos están en línea con los de la empresa, debes continuar con la inversión.

Emula la cartera de un inversor de renta variable de éxito

Considera esto, has leído la historia de un inversionista de capital exitoso, como Warren Buffet, y su billetera en Google. Los resultados de la búsqueda muestran su cartera. En este punto decides sin demora, comprar las acciones que se mencionan en su cartera porque seguramente si él invirtió en ella y se hizo un nombre en el mercado de valores, entonces ¿qué tiene de malo imitar a la derecha? ¡Incorrecto!

Este es uno de los errores de inversión más comunes que cometen los inversores minoristas. Para sortear la investigación y la tarea para ver lo mejor de sí mismos, intentan copiar la cartera de un inversor de capital exitoso e invertir en las mismas empresas. Esta elección es incorrecta por las siguientes razones.

No conoce el punto de entrada: al invertir en una empresa, es importante saber a qué nivel debe invertir. Cuando las acciones se enumeran en su cartera, es posible que no sepa cuándo se compraron o a qué precio se compraron y puede que tenga sentido o no que las compre en este momento en particular.

Por ejemplo, la persona cuya cartera está intentando copiar puede haber comprado las acciones cuando su valor es de 20 rupias y ahora su valor es de 100 rupias. Así que ahora, si sigues adelante sin pensar y compras al mismo precio, puedes incurrir en una pérdida cuando su valor cae.

No hace falta decir que es muy importante saber el precio correcto que debe ingresar, la cantidad de riesgo que debe tomar y también el momento adecuado para salir.

Un desajuste en los perfiles y objetivos de los inversores: su perfil de riesgo y sus objetivos no tienen por qué coincidir con los del famoso inversor que está intentando copiar.

Puedes tener más finanzas disponibles y puedes tener un perfil de riesgo más alto, lo que significa que puedes permitirte correr más riesgos y puedes haber invertido en una acción en particular. Tu inversión te traerá muchos problemas.

Es posible que hayas invertido en una acción de riesgo porque puedes permitírtelo financieramente. Si copias su estrategia, perderás tu dinero y la determinación de invertir en el futuro.

Es posible que toda la cartera no sea pública: otra razón es que la cartera completa de una persona nunca es pública. Siempre que un gran inversor invierte en una empresa, los inversores minoristas no saben nada al respecto hasta que ganan más del 1 por ciento de las acciones de la empresa.

Cuando la participación de alguien en una empresa se convierte en más del uno por ciento, debe hacerse pública. Por lo tanto, existe una gran posibilidad de que haya más acciones en su cartera de las que pueda imaginar y tendrá una cartera a medias basada en información incompleta.

La información es "pública" - Por último, si busca en Internet la cartera de un inversor de capital famoso, seguramente esta información también estará disponible públicamente para otros inversores minoristas.

Es probable que esto ya haya provocado una subida del precio de las acciones. No hace falta decir que no estás haciendo nada diferente que te permita ganar más dinero. Por lo tanto, no te beneficiarás de una estrategia a tan largo plazo.

No diversificas lo suficiente

Otro error común que cometen los inversores es invertir una gran parte de su capital en la compra de acciones de un tipo o de una sola empresa, solo para sufrir una pérdida cuando la cartera cae.

Incluso si observas la cartera declarada públicamente de inversores de capital exitosos como Rakesh Jhunjhunwala, verás que tiene acciones en todos los sectores y empresas. La diversificación distribuye el riesgo; se asegura de que, si algunas acciones bajan, otras ganan y cancelan las pérdidas, por lo que la cartera se mantiene en equilibrio.

En resumen, estos son algunos de los obstáculos obvios que se deben evitar al cotizar en bolsa. Mantén siempre una perspectiva a largo plazo y realiza la debida diligencia al elegir una empresa. No inviertas en una empresa solo porque un gurú del mercado de valores haya invertido en ella o esté dando altos rendimientos. Una vez que hayas apostado por una empresa con fundamentos sólidos, invierte y deja suficiente tiempo para que tus inversiones se beneficien. ¡Ten paciencia, ten cuidado y disfruta del viaje!

CONCLUSIÓN

Si estás leyendo las conclusiones, significa que has llegado al final del libro.

Espero les haya gustado la lectura y la información interesante.

Y si, de todo esto, has aprendido sobre acciones, has leído una media móvil e interpretado un MACD, has averiguado dónde encontrar información en línea, has creado tu diario de operaciones, bueno, ¡¡estoy seguro de que estás listo para tomar las acciones con la misma autoridad que Warren Buffet!!

Recuerda siempre que no hay comidas calientes gratis y que ganar dinero, y sobre todo ahorrarlo implica grandes sacrificios, así que ... ¡ten siempre mucho cuidado cuando decidas invertirlos, en la forma que decidas hacer!

Te deseo éxito en la vida, buen comercio y finalmente ... ¡Que tengas una buena vida!

www.ingramcontent.com/pod-product-compliance
Lightning Source LLC
LaVergne TN
LVHW040437051026
849517LV00002B/652
* 9 7 9 8 2 1 5 2 0 2 4 4 9 *